Wahrsagen

Ein essentieller Leitfaden zu Astrologie, Numerologie, Tarot-Lesen, Handlesen, Runenlesen und anderen Methoden der Wahrsagerei

© Copyright 2024

Alle Rechte vorbehalten. Kein Teil dieses Buches darf in irgendeiner Form ohne schriftliche Genehmigung des Autors reproduziert werden. Rezensenten dürfen in Besprechungen kurze Textpassagen zitieren.

Haftungsausschluss: Kein Teil dieser Publikation darf ohne die schriftliche Erlaubnis des Verlags reproduziert oder in irgendeiner Form übertragen werden, sei es auf mechanischem oder elektronischem Wege, einschließlich Fotokopie oder Tonaufnahme oder in einem Informationsspeicher oder Datenspeicher oder durch E-Mail.

Obwohl alle Anstrengungen unternommen wurden, die in diesem Werk enthaltenen Informationen zu verifizieren, übernehmen weder der Autor noch der Verlag Verantwortung für etwaige Fehler, Auslassungen oder gegenteilige Auslegungen des Themas.

Dieses Buch dient der Unterhaltung. Die geäußerte Meinung ist ausschließlich die des Autors und sollte nicht als Ausdruck von fachlicher Anweisung oder Anordnung verstanden werden. Der Leser / die Leserin ist selbst für seine / ihre Handlungen verantwortlich.

Die Einhaltung aller anwendbaren Gesetze und Regelungen, einschließlich internationaler, Bundes-, Staats- und lokaler Rechtsprechung, die Geschäftspraktiken, Werbung und alle übrigen Aspekte des Geschäftsbetriebs in den USA, Kanada, dem Vereinigten Königreich regeln oder jeglicher anderer Jurisdiktion obliegt ausschließlich dem Käufer oder Leser.

Weder der Autor noch der Verlag übernimmt Verantwortung oder Haftung oder sonst etwas im Namen des Käufers oder Lesers dieser Materialien. Jegliche Kränkung einer Einzelperson oder Organisation ist unbeabsichtigt.

Inhaltsverzeichnis

EINFÜHRUNG..1
KAPITEL EINS: IST ES WIRKLICH MÖGLICH, IN DIE ZUKUNFT ZU SEHEN?...3
KAPITEL ZWEI: HILFSMITTEL ZUR WAHRSAGEREI 8
KAPITEL DREI: ASTROLOGIE VERSTEHEN 15
KAPITEL VIER: WIE MAN EIN GEBURTSHOROSKOP LIEST.......25
KAPITEL FÜNF: NUMEROLOGIE - WIE SICH DAS SCHICKSAL DURCH ZAHLEN OFFENBART 37
KAPITEL SECHS: HANDLESEN - DIE GRUNDLAGEN DES HANDLESENS..45
KAPITEL SIEBEN: RUNENWERFEN I: WIE MAN DIE RUNEN WIRFT 59
KAPITEL ACHT: RUNENWERFEN II: LAYOUTS UND LEGESYSTEME FÜR DIE WAHRSAGEREI 65
KAPITEL NEUN: TAROT-LESEN I: DIE GROßE ARKANA 72
KAPITEL ZEHN: TAROT-LESUNG II: DAS KLEINE ARKANA 83
KAPITEL ELF: TAROT-LESUNG III: LEGESYSTEME UND DEUTUNGEN...106
FAZIT 114
HIER IST EIN WEITERES BUCH VON MARI SILVA, DAS IHNEN GEFALLEN KÖNNTE..116
QUELLENVERZEICHNIS..117

Einführung

Wissen Sie, was Wahrsagerei bedeutet? Haben Sie sich jemals gefragt, wofür Sie bestimmt sind? Sind Sie neugierig darauf, etwas über Ihre Zukunft zu erfahren? Stellen Sie sich vor, Sie könnten kurz hinter den Vorhang blicken, um zu sehen, was Ihnen bevorsteht. Sind Sie auf der Suche nach Ihrer wahren Bestimmung im Leben? Wenn Sie mit Ja geantwortet haben, dann habe ich gute Nachrichten für Sie! Wenn Sie sich die Macht der Wahrsagerei zunutze machen, können Sie die Geheimnisse und Mysterien des Kosmos entschlüsseln. Alle Informationen, die Sie benötigen, um dieses Ziel zu erreichen, finden Sie in „Wahrsagerei: Ein essentieller Leitfaden zu Astrologie, Numerologie, Tarot-Lesen, Handlesen, Runenlesen und anderen Methoden der Wahrsagerei."

Wahrsagerei ist die Kunst oder Praxis der Suche nach Wissen über die Zukunft bzw. das Unbekannte. Das Konzept ist keine neue Erfindung. Es kann Ihnen helfen, die verborgene Bedeutung oder die grundlegende Ursache von Ereignissen in Ihrem Leben zu verstehen, und Sie können es nutzen, um die Zukunft vorherzusagen. Alte Kulturen auf der ganzen Welt haben ihre eigenen Traditionen und Praktiken, um das Göttliche oder das Unbekannte zu verstehen. Sie nutzen diese Informationen, um alltäglichen Ereignissen einen Sinn zu geben. Möchten Sie auch lernen, wie das geht? Nun, dieses Buch wird Sie bei jedem Schritt begleiten, während Sie die faszinierende Welt der Wahrsagerei und alles, was dazu gehört, erkunden.

Sie werden einfache und wirksame altehrwürdige Techniken kennenlernen, mit denen Sie Ihre Intuition stärken und die universelle Energie nutzen können. Wenn Sie auf Ihr Unterbewusstsein zugreifen und Wahrsagerei anwenden, können Sie den Schleier zwischen den Welten lüften und einen Blick in die Zukunft werfen.

Sie erfahren, was Wahrsagerei bedeutet, welche verschiedenen Instrumente es gibt und wie Sie damit einen Blick in die Zukunft erhaschen können. Darüber hinaus führt Sie dieses Buch in die Grundlagen der Astrologie ein und zeigt Ihnen, wie Sie ein Geburtshoroskop auf leicht verständliche Weise lesen. Es ist Ihr Einstieg in die Wahrsagerei mit Wahrsageinstrumenten wie Numerologie, Handlesen, Runenlegen und Tarotlesen. Dies zu lernen ist nicht nur interessant, sondern kann auch lehrreich sein. Wissen ist Macht, und wenn Sie erst einmal mit den in diesem Leitfaden enthaltenen Informationen ausgestattet sind, werden Sie viel leichter in der Lage sein, Ihren Lebenszweck zu bestimmen.

Wenn Sie also bereit sind, anzufangen, sollten Sie jetzt die Seite umblättern!

Kapitel Eins: Ist es wirklich möglich, in die Zukunft zu sehen?

Ja, Sie können jetzt in die Zukunft sehen! Sie wissen, wie Ihr Leben verlaufen wird und wo Sie in fünf Jahren sein werden. Ungeahnte Möglichkeiten liegen Ihnen zu Füßen. Klingt geradezu albern, oder? Nun ja, natürlich. Niemand kann die Zukunft eines Menschen vorhersagen. Kein Wahrsager kann mit Sicherheit sagen, was in fünf Jahren mit Ihnen geschehen wird. Moment, warum handelt dann das ganze Buch von Wahrsagerei?

Nun, weil Wahrsagerei nicht bedeutet, einfach in eine Kristallkugel zu schauen und irgendeinen Hokuspokus vorherzusagen. Es geht nicht darum, Teeblätter anzuschauen und Ihnen zu sagen, dass Sie ein großartiges Jahr vor sich haben werden. Wahrsagerei ist keine Wissenschaft, sondern das Ergebnis jahrelanger Studien und geduldigen Lernens über die menschliche Persönlichkeit und darüber, wie alle Aspekte und Faktoren zusammenspielen, die jeden Menschen einzigartig machen.

Was ist Wahrsagerei?

Bei der Wahrsagerei sitzen nicht einfach nur ein paar Leute um ein Ouija-Brett herum, sagen irgendwelche Dinge auf und versuchen, die Geister zu beschwören. Obwohl das Ouija-Brett ein wichtiger Bestandteil dieser Praxis ist, bedeutet Wahrsagerei im Grunde Wahrsagen oder der Versuch, die verborgenen Ursachen, die

Bedeutung oder den Sinn hinter den Ereignissen im Leben eines Menschen herauszufinden. Diese Praxis wurde vor Jahrhunderten geboren. Heutzutage umfasst sie verschiedene Methoden - Astrologie, Geburtsgrafiken, Tarot, Runenlegen usw. Moderne Wahrsagerexperten arbeiten eher daran, die Ursachen und Auswirkungen vergangener und gegenwärtiger Ereignisse auf die Persönlichkeit eines Menschen zu ermitteln.

Historische Bedeutung der Wahrsagerei

Antike Kulturen wie Indien, Mesopotamien, Ägypten und China versuchten, Antworten auf alltägliche Fragen zu finden und die Umweltphänomene um sie herum zu verstehen, wie z.B. Donner und Blitz, Jahreszeiten, Migrationsaktivitäten usw. Jede Kultur hatte ihre eigene Art, mit dem Göttlichen oder dem Unbekannten umzugehen.

Die Chinesen verwendeten Schildkrötenpanzer, um deren Muster zu lesen und zu entziffern. Dies führte zur I Ging Bewegung und den damit verbundenen Hexagrammen. Die Wikinger bevorzugten Runensteine, während die Römer eine eher grausame Methode zur Betrachtung der Eingeweide von geschlachtetem Vieh hatten. Die australischen Aborigines wandten sich nach innen und studierten den inneren Kosmos. Andere, wie die mexikanischen Indigenen, nutzten Pflanzen, um Antworten zu finden und aufzuzeichnen. Im Alten Testament wird eine Reihe von göttlichen Steinen erwähnt, Urim und Thummim genannt, die dazu dienten, den Verlauf zukünftiger Ereignisse zu bestimmen.

Die weit verbreitete Kunst des Wahrsagens, die Sie heute kennen, ist eine neuere Entwicklung. In früheren Zeiten beschränkte sich diese Kunst meist auf mündliche Überlieferungen und Höhlenzeichnungen oder Einritzungen in Felsen durch Schamanen, Heiler, Priester, Propheten, usw. Erst nach der Erfindung des Buchdrucks verbreitete sich dieses Wissen um die Wahrsagerei von der antiken Welt bis in die Entwicklungsländer.

Nach der Erfindung des Papiers durch die Chinesen und einer primitiven mechanischen Schrift, die vor Tausenden von Jahren entwickelt wurde, war es möglich, die literarische Produktion zu steigern. Das I-Ging, eines der angesehensten Wahrsagerei-Systeme der Welt, erblickte das Licht der Welt, indem es in Druck gegeben wurde. Später brachte die Druckerpresse von Johann Gutenberg eine Vielzahl von

Büchern, Kartendecks, Flugblättern usw. hervor. Als die Alphabetisierung zunahm und die Weltbevölkerung explosionsartig wuchs, kamen viele Wahrsagerei-Systeme auf. Zu den populärsten und mit der Geschichte eng verbundenen Systemen gehören Astrologie, Tarot, Runen, Numerologie und I Ging. Sie werden auch als die klassischen Wahrsagerei-Systeme bezeichnet. Diese Wahrsagerei-Systeme waren nicht nur Instrumente zur Vorhersage alberner und unsinniger Fragen. Sie stellten die Weltanschauungen der Menschen in Frage, analysierten Persönlichkeiten und halfen jedem, das Universum und sich selbst besser zu verstehen.

Wie man Wahrsagerei interpretiert

Es gibt verschiedene Schulen der Wahrsagerei, die versuchen, Phänomene auf ihre eigene Weise zu erklären. Im Folgenden werden sie kurz erläutert.

Induktive Wahrsagerei

Die Wahrsagerei mit Hilfe des Himmels oder der Sterne ist heute weit verbreitet, reicht aber bis in die Antike zurück. Die Menschen der Antike blickten in den Himmel und entschlüsselten Phänomene auf der Erde, wie z.B. Wetterveränderungen oder Zugverhalten der Vögel. Blitze, Wolken und Donner wurden als Zorn der Götter auf die Menschen gedeutet. Wetterbedingte Katastrophen wie übermäßiger Regen, Stürme, Hagel, Dürre und Überschwemmungen deuteten auf die göttliche Kontrolle über diese Kräfte hin.

Es gibt ein Konzept, das als Weissagung bekannt ist und das die Menschen der Antike nutzten, um göttliche Ereignisse und die Hand Gottes in der Natur zu erkennen. Manchmal wurde diese Praxis auch für Rituale verwendet, die den Flug von Vögeln oder das Opfern eines Tieres beinhalteten. Das Studium der Leber, Haruspizie genannt, diente zum Beispiel dazu, die Geschichte des untersuchten Lebewesens zu erfahren. Dies ist vergleichbar mit der modernen Handlesekunst. Es gab eine Technik, die als Skapulimantie bekannt ist, d.h. Wahrsagerei aus einem durch Feuer gespaltenen Schulterblatt. Diese Technik wurde vor allem in Nordamerika angewandt. Wie bereits erwähnt, hat die Wahrsagerei mit Schildpatt ihren Ursprung in China. Die chinesischen Alten studierten die Wendungen und Muster auf dem Panzer einer Schildkröte und deuteten sie.

Interpretative Wahrsagerei

Bei dieser Technik werden Vorzeichen studiert, anstatt in den Himmel zu schauen oder Tiere und Vögel zu studieren. Dies beruht auf einem Ursache-Wirkung-Szenario. Natürlich gibt es auch zufällige Ereignisse, die sich nicht mit Logik erklären lassen, aber bis zu einem gewissen Grad steckt hinter jeder Wirkung eine Ursache. Die Wahrsagerei durch das Studium des Feuers und der damit verbundenen Aspekte, bekannt als Pyromantie, war eine solche Technik. Beschuldigte wurden vor einem Feuer befragt oder untersucht, und wenn das Feuer plötzlich auf sie übersprang, war ihre Schuld bewiesen. Das mag heute höchst unwissenschaftlich erscheinen, aber so war es in früheren Zeiten. Bei einer anderen Technik warf man Gegenstände ins Feuer und beobachtete, wie das Feuer darauf reagierte. Wahrsagerei durch das Studium von Wasser (Hydromantie) wurde ebenfalls praktiziert. Wasser wurde verwendet, um die Spiegelungen von Gegenständen darin zu untersuchen und zu deuten.

Andere verwandte Praktiken waren die Kleromantie und die Geomantie, Wahrsagerei durch Lose bzw. Karten. Diese Praktiken waren, ehrlich gesagt, seltsam. Bei der Wahrsagerei zum Beispiel wurden die Gegenstände, die bei der Person gefunden wurden, die die Wahrsagerei durchführte, dazu benutzt, den aktuellen Status und die Zukunft der Person zu beurteilen und vorherzusagen. Getrocknete Eingeweide, ein Zahn oder ein verrottetes Stück Haar hatten bei der Deutung unterschiedliche Bedeutungen. Zusammen mit diesen Gegenständen stellte der Wahrsager verschiedene Fragen, die dem Ratsuchenden eine Antwort entlocken sollten. Wenn die Antworten die Frage verrieten oder an irgendeiner Stelle vom Kurs abwichen, deutete der Wahrsager dies als Ursache des Problems.

In der Geomantie, vor allem in Afrika, wurden neben Karten, Zeichnungen und Losen auch okkulte Lesungen des Fragensteller durchgeführt. Der Wahrsager versuchte, die Körperzeichen der Person zu lesen und zu deuten (Phrenologie). Auch die Traumdeutung wurde angewandt und Oneiromantie genannt.

Intuitive Wahrsagerei

Dabei benutzt der Wahrsager oder Schamane Trancezustände, um die Probleme der Person zu heilen oder Lösungen für sie zu finden. Dies geschieht entweder durch die Verabreichung von Drogen an die betreffende Person oder durch die Anwendung ihrer eigenen

Stammesmethoden. Die Trance kann auch Okkultismus, Geisterbesessenheit und das Sprechen in einer anderen Sprache mit sich bringen.

Manchmal wurde auch die Inkubation praktiziert. In Ägypten glaubten die Menschen, dass das Schlafen in einem heiligen Tempel den Segen Gottes bringen würde. In der alten Maya-Zivilisation wurden junge Mädchen in einen tiefen Brunnen geworfen. Diejenigen, die es schafften, herauszuklettern, mussten anderen von den Botschaften erzählen, die sie in dem Brunnen erhalten hatten. Trance und Besessenheit sind auch in der modernen Wahrsagerei anzutreffen. In den meisten Fällen wird der Geist des Wahrsagers durch denjenigen ersetzt, den er beschwört. Nachdem die notwendigen Fragen und Antworten abgehandelt worden sind, kehren sie zu ihrem ursprünglichen Geist zurück.

Ein unglückliches Nebenprodukt all dessen war die negative Konnotation, die der Wahrsagerei in Form von Hexerei anhaftete. Unschuldige Frauen wurden als Hexen beschuldigt und auf dem Scheiterhaufen verbrannt, ohne dass sie sich etwas hatten zuschulden kommen lassen, außer vielleicht, dass sie anders aussahen oder an einer Geisteskrankheit oder körperlichen Missbildung litten. Die Folterungen, die sie ertrugen, waren ebenfalls entsetzlich. Die Angeklagten wurden in Flüsse oder ins offene Meer geworfen. Wenn sie überlebten, ging man davon aus, dass sie unschuldig waren. Ähnlich erging es denjenigen, die ins Feuer oder von einer Bergkuppe geworfen wurden.

Heute gibt es zahlreiche Methoden der Wahrsagerei, nämlich Astrologie, Geburtsgrafiken, Horoskope, Tarotkarten, Runen, usw. Zu Beginn des 20. Jahrhunderts blühten Methoden wie Kristallsehen, Chiromantie, Nekromantie und Handlesen auf. Wie Sie vielleicht schon wissen, hat die Wahrsagerei mehr mit Intuition und einer Gesamtdeutung der Persönlichkeit, der Charakterzüge, der Macken und des Geisteszustands einer Person zu tun - alles, was sie einzigartig macht. In den folgenden Kapiteln geht es um beliebte Methoden der Wahrsagerei, die Sie studieren und erlernen werden.

Kapitel Zwei: Hilfsmittel zur Wahrsagerei

Manche Methoden der Wahrsagerei sind populärer, manche sind obskurer und wieder andere sind noch gänzlich unbekannt. Alles hängt von Ihrer Vorliebe, Ihren Mitteln und Ihrem Interesse ab! Sie können ein beliebiges Hilfsmittel wählen und es für sich arbeiten lassen. Es ist nicht so, dass Tarot besser ist als Astrologie oder Runen besser als eine Kristallkugel. Sie müssen nur etwas wählen, mit dem Sie sich wohl fühlen.

Hier sind ein paar beliebte Methoden und Instrumente für die Wahrsagerei. Sie werden diese in den folgenden Kapiteln genauer kennenlernen.

Runen oder Runenmagie

Diese werden seit der Antike als Methode der Kommunikation verwendet. Runen sind kleine Steine oder Symbole, die in Holz oder Stein geritzt und dann entziffert und interpretiert werden. Jede Rune hat eine bestimmte Bedeutung, z.B. Reichtum, Wohlstand, Reisen, negative Themen und Aspekte und so weiter. Sie können ein Set von Runen kaufen oder selbst eines aus Holz schnitzen. Bewahren Sie Ihre Runensteine oder Kristalle in einem Stoffbeutel auf, ziehen Sie die Runen wahllos heraus, legen Sie sie auf ein Tuch auf dem Boden und stellen Sie Ihre Fragen. Im Internet gibt es mehrere Bücher und Anleitungen, die Ihnen bei der Interpretation der Ergebnisse helfen.

Tarot-Karten

Tarot ist eine der am häufigsten verwendeten Methoden der Wahrsagerei und wird schon seit langer Zeit angewendet. Die meisten Menschen denken, dass Tarot dazu dient, die Zukunft vorherzusagen, aber genau wie andere Wahrsagerei-Methoden ist Tarot ein Werkzeug und ein Leitfaden, der Ihnen hilft, sich selbst besser zu verstehen. Das Tarot besteht aus zwei Arten von Karten: Die Großen Arkana und die Kleinen Arkana. Die Große Arkana besteht aus zweiundzwanzig Karten, die sich mit den wichtigsten Merkmalen und Situationen im Leben befassen. Die Kleine Arkana besteht aus 56 Karten, die alltägliche Themen und Gefühle darstellen. Es gibt verschiedene Anordnungen und Legesysteme zur Auswahl. Sobald Sie das Deck gemischt haben, können Sie eines der Legesysteme auswählen und daraus eine Lesung vornehmen.

Kristallkugel

Sie kennen das aus Filmen über das Übernatürliche, nicht wahr? Ein bärtiger, mysteriöser Seher sitzt vor einer Kristallkugel, blickt hinein und sagt etwas Unheilvolles für den Fragesteller voraus, was sich in der Regel bewahrheitet. In Wirklichkeit hat dies jedoch nichts mit der Vorhersage von irgendetwas zu tun. Wie bei den anderen Methoden müssen Sie sich mit den Feinheiten des Blicks in die Kristallkugel und der Deutung der Ergebnisse eingehend beschäftigen.

Engelskarten

Verwechseln Sie diese nicht mit Tarotkarten. Engelskarten werden verwendet, um den Segen der Engel für das eigene Leben zu erbitten. Diese Karten sind meist positiver und sonniger Natur und geben Aufschluss über persönliches Wachstum, Reichtum, Beziehungen, Liebe usw. Wenn Sie eine Engelkarte lesen, sollten Sie auf Ihr Herz hören und es mit dem Geist der Engel verbinden. Konzentrieren Sie Ihre Energie auf positive Ergebnisse.

Geisterbretter

Diese Bretter, die auch als Ouija-Bretter bekannt sind, sind ein weiterer Bestandteil von Gruselfilmen. Ouija-Bretter zeigen die Buchstaben des Alphabets, die Zahlen eins bis neun und Wörter wie ja, nein, hier und auf Wiedersehen. Wenn Sie es ausprobieren möchten, legen Sie einen Finger oder eine Hand auf eine Münze oder eine Planchette in der Mitte des Brettes und versuchen, mit der Person Kontakt aufzunehmen, die Sie wünschen. Dies ist allerdings ein sehr ungenauer Ansatz der Wahrsagerei. Seien Sie vorsichtig, bevor Sie es versuchen. Es könnte schnell schief gehen!

Pendel

Auch ein Pendel kann Ihnen bestimmte Fragen beantworten. Hierbei handelt es sich um eine Kette, an der ein kegelförmiger Kristall oder Stein befestigt ist. Lassen Sie diesen über einem Stück Papier oder Pergament mit den Aufschriften Ja und Nein baumeln. Schwingen Sie ihn und sehen Sie, wo er sich einpendelt. Sie können Ihr eigenes Pendel kaufen oder herstellen. Diese Methode ist übrigens auch sehr beliebt, wenn es darum geht, das Geschlecht eines ungeborenen Kindes zu erraten. Dazu verwenden Sie eine Schmuckkette, an der ein Ehering befestigt ist.

Teeblätter lesen

Eine Tasse wird zum Lesen von Teeblättern verwendet. Die Person, die die Frage stellt, muss heißen Tee (losen Tee) trinken und eine kleine Menge am Boden stehen lassen. Der Bodensatz enthält die Teeblätter, die dann herumgewirbelt und auf eine Untertasse geschüttet werden. Auf der Untertasse werden Muster und Strudel zu sehen sein, die der Wahrsager deutet.

Handlesen

Eine der ältesten Methoden der Wahrsagerei, die Handlesekunst, beinhaltet das Lesen der Handflächen. Die Handflächen enthalten zahlreiche Linien und Beulen, und jede dieser Linien und Beulen hat eine Bedeutung. In Verbindung miteinander und mit verschiedenen anderen Linien kann der Handleser für jede Person eine individuelle Deutung vornehmen. Dazu ist eine detaillierte und gründliche Analyse der Handfläche erforderlich.

Astrologie

Jeder ist mit seinen Sonnenzeichen vertraut, aber Astrologie ist nicht nur auf diese beschränkt. Sie umfasst viel mehr. Das aufsteigende Zeichen, das Mondzeichen und das Geburtshoroskop sowie die Positionen der Sterne und Planeten zum Zeitpunkt Ihrer Geburt - Grad, Winkel und Eckpunkte - fügen sich zu einem vollständigen Bild von Ihnen und Ihrem Wesen zusammen.

Numerologie

Zahlen haben eine tiefgreifende Wirkung auf Ihr Leben. Ihre Lebenswegnummer, Ihre Namenszahl, Ihre Schicksalszahl, Ihre Hausnummer, Ihre Ausdruckszahl - jede von ihnen erzählt eine Geschichte über Sie. Es ist einfach, praktisch und macht Spaß!

DIY-Tools für neue Wahrsagerinnen und Wahrsager

Wenn Sie glauben, dass die Wahrsagerei teuer ist und ein Loch in Ihre Tasche reißt, keine Sorge! Im Internet finden Sie zahlreiche Tricks und Tipps zum Selbermachen, die Ihnen weiterhelfen. Hier sind nur ein paar Werkzeuge, die Sie selbst herstellen können.

Stellen Sie Ihr eigenes Pendel her

1. Nehmen Sie eine Kette oder ein dünnes Seil. Das kann jede alte Kette sein, die Sie zu Hause haben.
2. Suchen Sie einen Ring oder ein ringförmiges Objekt. Er muss ein Loch haben, so dass er leicht auf die Kette oder das Seil aufgefädelt werden kann.
3. Schieben Sie den Ring auf die Kette und schließen Sie sie. Wenn es ein Seil ist, binden Sie die Enden fest zusammen. Der Ring darf nicht herunterfallen.
4. Testen Sie das Pendel aus. Schreiben Sie Ja und Nein auf ein Blatt Papier und halten Sie Ihren Arm so darüber, dass das Pendel senkrecht zum Blatt steht. Sie können selbst entscheiden, wie Sie die Bewegung interpretieren wollen; links steht für Ja, rechts für Nein und die Mitte für Unbekannt.

5. Denken Sie sich eine Frage aus. Sagen Sie: Ist der Regenbogen mehrfarbig? Schwingen Sie das Pendel über das Papier und schauen Sie, wo es landet. Es sollte bei der vorgegebenen Antwort landen. Wenn nicht, müssen Sie Ihre Interpretationen ändern. Machen Sie das noch ein paar Mal, bis das Pendel gleichmäßig schwingt. Jetzt können Sie jede beliebige Frage stellen.

Wie Sie Ihr eigenes Runen-Set erstellen

Das gebräuchlichste Runenalphabet ist das Ältere Futhark (auf das wir später noch ausführlicher eingehen werden). Es besteht aus vierundzwanzig Buchstaben. Einige Runen in einem Set sind leer - oder werden Wyrd-Runen genannt. Betrachten Sie diese Runensteine nicht als Werkzeuge zur Vorhersage der Zukunft, sondern als Wegweiser auf Ihrer Reise.

Materialien: Runen werden oft aus natürlich vorkommenden Materialien hergestellt, so dass sie in der Regel nicht teuer sind. Sie haben die Wahl zwischen Holz, Steinen, Kieselsteinen, alten Knochen von Tieren, die eines natürlichen Todes gestorben sind, Ton usw. In diese Materialien können Sie Ihre Runen leicht einritzen.

Sie benötigen vierundzwanzig Stücke des von Ihnen gewählten Materials, da das Ältere Futhark aus vierundzwanzig Zeichen besteht. Sie müssen von der Größe her ähnlich sein. Außerdem sollten sie nicht so groß sein, dass Sie sie nicht halten und damit arbeiten können. Sobald Sie Ihre Materialien gesammelt haben, ist es an der Zeit, die Runen darauf zu malen oder zu schnitzen!

Um mit dem Runenwerfen zu beginnen, müssen Sie einen ruhigen Ort und eine Zeit finden, in der Sie innerlich am stärksten energetisiert sind. Nehmen Sie eine Kerze und zünden Sie sie an. Suchen Sie sich eine Rune aus, denken Sie über ihre Bedeutung nach, meditieren Sie eine Weile und legen Sie sie neben die Kerzenflamme. Legen Sie sie rechts auf das Tuch, das Sie gerade benutzen. Machen Sie dasselbe mit den anderen Runen. Jetzt können Sie mit dem Lesen beginnen!

Machen Sie Ihre eigenen Tarotkarten

Ist das nicht wundervoll? Ein Set Ihrer eigenen Tarotkarten aus alten Pokerkarten!

- Dazu benötigen Sie ein altes Spielkartenset, weißes Papier, Kleber, Etiketten, einen Stift und vor allem die Tarotkartendetails.

- Ordnen Sie Ihre Karten nach Farben und legen Sie sie in aufsteigender Reihenfolge, beginnend mit Ass und endend mit König. Die Jokerkarten kommen auf einen separaten Stapel.
- Schneiden Sie das Papier so aus, dass es zu den Karten passt. Insgesamt 54 Stück.
- Jetzt müssen Sie schreiben! Schreiben Sie die Tarot-Informationen zu jeder Kartenfarbe auf. Schreiben Sie zum Beispiel für alle Herz-Karten Tarot-Farbe Kelche. Notieren Sie dann kurz, was das Symbol bedeutet. Im Fall der Kelche bedeutet es Emotionen, tiefere Gefühle, Liebe, Beziehungen. Bei Karo ist es die Farbe der Münzen, bei Pik die Farbe der Schwerter und bei Kreuz die Farbe der Stäbe. Die Bedeutung dieser Tarot-Farben finden Sie in den Büchern, die am Ende des Kapitels für Sie aufgeführt sind.
- Ordnen Sie jede Ihrer Farben in aufsteigender Reihenfolge, beginnend mit dem Ass und endend mit dem König. Jeder Zahl ist eine Bedeutung zugeordnet, die Sie in den später aufgeführten Büchern finden werden. Schreiben Sie die entsprechenden Eigenschaften auf die Karten. Die Drei steht zum Beispiel für Entwicklung, Selbstdarstellung und Wachstum, während die Vier für Stabilität, Solidität und ein Fundament steht.
- Herzlichen Glückwunsch! Ihr Deck ist fertig. Sie können jetzt versuchen, eine Lesung durchzuführen.

Buchempfehlungen, die Ihnen den Einstieg in Ihre Praxis erleichtern
- Runen für Anfänger: Ein heidnischer Leitfaden zum Lesen und Gießen der Runensteine des Alten Futhark für Weissagung, nordische Magie und moderne Hexerei (Melissa Gomes)
- Runen - die Magie der Germanen für Einsteiger: Wie Sie die Kraft der Runen im Alltag anwenden können, um mehr Bewusstsein und höhere Wahrnehmung zu erleben (Emonora Brevil)
- Numerologie und Engelszahlen für Anfänger: Die Sprache des Universums - Entdecke die verborgenen Botschaften der Zahlen sowie deren Bedeutung und Wirkung auf dein Leben (Martina Hutter)

- Wahrsagen: Die Kunst der Wahrsagerei (Lilian Ferner-Bonds)
- Wahrsagen für Einsteiger - Das Praxisbuch: Wie Sie anhand 12 anschaulicher Lektionen die Kunst der Divination entdecken und für sich nutzen (Miriam Engels)
- Tarot für absolute Einsteiger: Alles, was du über Karten, Legemethoden & Interpretationen wissen musst (Sophia Roth)

Kapitel Drei: Astrologie verstehen

Astrologie ist die Lehre über den Einfluss entfernter Planeten und Sterne auf das Leben auf der Erde. Es geht dabei nicht nur um unsinnige Vorhersagen, die auf den eigenen Launen und Fantasien basieren. Sie berücksichtigt die Position der Sonne, der Planeten und der Sterne, um ein vollständiges Bild einer Person, ihrer Persönlichkeit, ihrer Beziehungen, ihres beruflichen Werdegangs und anderer Aspekte zu zeichnen.

Die meisten Menschen wissen und fragen in der Regel nach ihrem Sonnenzeichen. Ihre täglichen Zeitungen und populären Kolumnen berücksichtigen in der Regel nur das Sonnenzeichen, weil es die einfachste Form der Astrologie ist. Für die Sonnenzeichen-Astrologie benötigen Sie nur Ihr Geburtsdatum - manchmal auch nur den Geburtsmonat. Um eine genauere und bessere Deutung zu erhalten, müssen Sie die Position der einzelnen Planeten und Sterne zum Zeitpunkt Ihrer Geburt studieren. Nicht nur das, auch die Position der Häuser, Winkel, Grade, Scheitelpunkte, Aspekte usw. ergeben zusammen ein detailliertes und genaues Bild von Ihnen, Ihrer Persönlichkeit, Ihrer Karriere, Ihren Beziehungen, Ihren Eigenschaften usw.

Alle alten Kulturen haben ihre eigene Version der Astrologie praktiziert. Zu den ältesten gehören die vedischen, chinesischen und tibetischen Praktiken der Astrologie. Es handelt sich dabei nicht um eine eindeutige Wissenschaft; selbst in der westlichen Astrologie finden Sie verschiedene Interpretationen und Philosophien.

Eine gängige Kategorisierung, die auf dem Endergebnis basiert, lautet wie folgt:
- Mundane Astrologie - Dieser Zweig befasst sich mit dem Weltgeschehen, aktuellen Angelegenheiten, Vorhersagen über die Wirtschaft und das allgemeine politische Klima usw.
- Befragungsastrologie - Dieser Zweig der Astrologie bezieht sich auf die bekanntere Methode, Vorhersagen und Analysen über Menschen zu machen.
- Natale Astrologie - Die Betrachtung eines Geburtshoroskops und die genaue Berechnung der Positionen, Winkel, Grade und Aspekte der Planeten und Sterne zum genauen Zeitpunkt der Geburt einer Person und die darauf basierenden Vorhersagen.

Bemerkenswerte Fakten über Astrologie
- Die Astrologie entstand bereits vor der kopernikanischen Revolution. Sie ging davon aus, dass sich die Sonne um die Erde bewegt.
- Der Begriff Tierkreiszeichen stammt von einem griechischen Begriff, der zur Kennzeichnung von Tierskulpturen verwendet wurde.
- Die alten Ägypter waren die Ersten, die die Sternbilder am Nachthimmel identifizierten und benannten.
- Die alten Griechen schufen das heutige moderne Tierkreiszeichen. Die Babylonier hatten ebenfalls zwölf Zeichen, ähnlich wie heute.
- Ein von Ptolemäus geschriebenes Buch, das Tetrabiblos, ermöglichte es dem griechischen Sternzeichen, sich in der antiken Welt durchzusetzen.
- Wissen Sie, was Horoskop bedeutet? Es bedeutet wörtlich Stundenuhr.
- Astrologie ist nicht nur ein Hokuspokus von Vorhersagen. Um ein genaues Geburtshoroskop und ein Horoskop zu erstellen, muss man die Winkel der Planeten nach geometrischen Prinzipien berechnen!
- Die alten Römer benutzten Mnemotechniken, um sich an die langen Listen von Wahrsagungen zu erinnern, die sie für ihre Horoskope rezitieren mussten.

- Fast alle antiken Hochkulturen, wie Ägypten, Amerika, Griechenland und Rom, glaubten, dass die Sterne und Planeten das menschliche Leben beeinflussen.
- Der römische Kaiser Augustus ließ sein Steinbockprofil auf Münzen gravieren.
- Es gibt einen Studienzweig, der als meteorologische Astrologie bekannt ist und der versucht, das Wetter auf der Grundlage des Tierkreiszeichens vorherzusagen.
- Astrologen behaupten, dass fast alle mächtigen Reiche der antiken Welt, wie Großbritannien, Rom, Ägypten und Deutschland, unter dem Einfluss des Widders, dem Zeichen, das mit Kreativität und Geburt assoziiert wird, florierten.
- Die ehemalige First Lady der Vereinigten Staaten, Nancy Reagan, ließ sich regelmäßig ihr Horoskop erstellen!

Ihr Sonnenzeichen

Was ist mein Sonnenzeichen? Was bedeutet es? Das sind häufige Fragen, die sich die meisten Menschen stellen, wobei sie die Astrologie nur mit dem Sonnenzeichen in Verbindung bringen. Um dieses zu berechnen, brauchen Sie nur Ihren Monat und Ihr Geburtsdatum - ja, so einfach ist das! So erhalten Sie eine gute Vorstellung von Ihrer Persönlichkeit, ohne tiefer zu graben.

Die Sonne befindet sich im Zentrum des Sonnensystems, und in ähnlicher Weise stellt Ihr Sonnenzeichen Sie in den Mittelpunkt. Es gibt Ihnen nicht nur einen Überblick über Ihre Charaktereigenschaften und Ihren Lebensweg, sondern verrät Ihnen auch etwas über Ihren Kern, Ihre grundlegende Persönlichkeit und Ihre Leidenschaften. Dieses Zeichen ist Ihre Identität im Leben.

Ihr Sonnenzeichen als Luftzeichen (Waage, Der Zwilling, Wassermann)

Sie sind ein intelligentes Wesen, das gerne feiert, Spaß hat und sich allgemein gut amüsiert. Sie lieben Geselligkeit und sind oft bei großen Veranstaltungen anzutreffen. Die Menschen lieben es, in Ihrer Nähe zu sein.

Ihr Sonnenzeichen als Feuerzeichen (Widder, Löwe, Schütze)

Sie fühlen sich zu Macht und Ehrgeiz hingezogen. Sie beschützen Ihre Lieben und Freunde mit aller Kraft und werden alles tun, um sie vor Schaden zu bewahren. Außerdem lieben Sie körperliche Aktivitäten und Unternehmungen im Freien!

Ihr Sonnenzeichen als Erdzeichen (Stier, Steinbock, Jungfrau)

Sie sind praktisch veranlagt, engagiert und lieben die materiellen Annehmlichkeiten des Lebens. Sie lieben es, Schönheit und Ordnung um sich herum zu haben.

Ihr Sonnenzeichen als Wasserzeichen (Krebs, Skorpion, Fische)

Sie sind eine rätselhafte und geheimnisvolle Person, stur wie ein Maultier und tief wie ein See. Sie haben eine unheimliche Intuition und folgen Ihren Gefühlen und dunklen Sehnsüchten. Sie bevorzugen intime Beziehungen zu Menschen und keine großen Gruppen.

Mondzeichen

Der Mond wird mit dem kühlen, ruhigen und silbrigen Frieden der Nacht in Verbindung gebracht. Er bezieht sich mehr auf Ihr Inneres, Ihre privaten Wünsche, Träume, Gedanken usw. Um Ihr Mondzeichen zu berechnen, benötigen Sie ein vollständiges Geburtsdatum, die genaue Uhrzeit und das Jahr.

Der Mond ist der Herrscher über Schönheit und Gefühle. Er enthüllt Dinge, die Sie vor den meisten Menschen verborgen halten und nur sehr vertrauten Menschen in Ihrem Leben mitteilen, wie tiefe Gefühle, Empfindungen, Intimität usw. Während die Sonne Ihren äußeren Geist zum Vorschein bringt, gelangt der Mond in Ihr Unterbewusstsein.

Ihr Mond als Luftzeichen (Zwillinge, Waage, Wassermann)

Jede Veränderung oder jedes Lebensereignis wird durch Bewertung und nicht durch bloße Emotionalität bewältigt. Sie haben das Gefühl, die Dinge im Griff zu haben, wenn Sie sie rational durchdenken.

Ihr Mond ist ein Feuerzeichen (Widder, Löwe, Schütze)

Ihre innere Welt ist von Aktion und Aufregung geprägt. Sie fühlen sich am lebendigsten und offensten, wenn Sie Ihre Ideen und Gefühle selbstbewusst zum Ausdruck bringen können, ohne in Negativität zu verfallen.

Ihr Mond als Erdzeichen (Stier, Jungfrau, Steinbock)

Stabilität und Festigkeit sind die Eckpfeiler Ihres inneren Wesens. Jede Veränderung in diesem Muster führt zu Unruhe. Sie sind am glücklichsten, wenn Sie auf ein produktives Ziel hinarbeiten.

Ihr Mond als Wasserzeichen (Krebs, Skorpion, Fische)

Sie sind tiefgründig, sinnlich, geheimnisvoll und hoch emotional. Sie lieben es, wenn Ihre Gefühle mit etwas in Verbindung gebracht werden, und Sie lieben es auch, die Gefühle anderer Menschen zu ergründen!

Aufsteigende Zeichen

Diese werden auch als Ihre Aszendentenzeichen bezeichnet, weil sie das erste Haus Ihres Geburtshoroskops beherrschen. Dies ist der wichtigste Teil des Horoskops, den Astrologen suchen und studieren. Es repräsentiert Ihre physische Seite, Ihren Körper und wie Sie auf andere wirken. Es stellt auch ein feines Gleichgewicht zwischen Ihrer inneren und äußeren Seite dar. Das Aszendentzeichen bestimmt Ihre allgemeine Einstellung zum Leben.

Ihr Aszendent ist ein Luftzeichen (Zwilling, Waage, Wassermann)

Sie sind redselig, wissbegierig, geistig beweglich und sehr freundlich. Sie wissen genau, was Sie vom Leben wollen und gehen überlegt vor.

Ihr Aszendent ist ein Feuerzeichen (Widder, Löwe, Schütze)

Sie sind von Macht und Ehrgeiz getrieben, fokussiert, detailliert und unverblümt im Umgang mit Menschen. Ihre körperliche Energie verblüfft Ihre Mitmenschen und Sie strahlen vor Vitalität.

Ihr Aszendent ist ein Erdzeichen (Stier, Jungfrau, Steinbock)

Sie konzentrieren sich mehr auf die luxuriösen und materiellen Aspekte des Lebens. Sie sind zielstrebig, verlässlich und stabil. Andere suchen bei Ihnen nach Orientierung.

Ihr Aszendent ist ein Wasserzeichen (Krebs, Skorpion, Fische)

Sie sind sehr emotional, dunkel, sensibel und schlagen um sich, wenn Sie verletzt werden. Sie halten Geheimnisse so gut verborgen, dass es Ihnen manchmal schwerfällt, einer anderen Person zu vertrauen. Sie lassen sich auch leicht von Ihrer Umwelt beeinflussen.

Was die Planeten in der Astrologie bedeuten

Wir alle wissen, wie sich die Planeten am Himmel bewegen. Während sie sich durch die verschiedenen imaginären Tierkreiszonen bewegen, unterscheiden sich ihre Energien zu einem bestimmten Zeitpunkt von denen zu anderen Zeitpunkten. Ein Geburtshoroskop ist sehr hilfreich, da es die genaue Zeit, den Winkel und den Grad des Planeten und des

Tierkreises zum exakten Zeitpunkt Ihrer Geburt angibt und Ihnen so eine einzigartige Deutung ermöglicht. Wenn Sie wissen, welche Planeten in Ihrem Geburtshoroskop stehen, können Sie deren Beziehungen zu den anderen Planeten, Aspekten und Zeichen untersuchen und Ihre Persönlichkeit und Zukunft bestimmen.

Wenden wir uns nun der Deutungen der Planeten in der Astrologie zu.

Sonne

Wie bereits erwähnt, befindet sich die Sonne im Zentrum des Sonnensystems. Sie gibt der Erde Leben, weshalb die Sonnenzeichen in der Astrologie so wichtig sind. Die Sonne steht für Kreativität, positive Schwingungen, Reinheit und Lebenskräfte und ist hauptsächlich die treibende Kraft hinter allem, was wir tun. Die Sonne regiert naturgemäß den Löwen.

Mond

Der Mond steht für die weibliche Seite - Fürsorge, Einfühlungsvermögen, Mitgefühl, Geborgenheit, Emotionen, Ausdrucksformen usw. Er bringt die mütterliche Seite zum Vorschein. Es gibt bestimmte Teile Ihrer Persönlichkeit, die Sie anderen nicht gerne zeigen. Der Mond bringt all das zum Vorschein. Er zeigt Ihnen Ihr Bedürfnis nach Sicherheit, Schutz, Komfort und emotionalem Wohlbefinden. Der Mond regiert naturgemäß den Krebs.

Merkur

Merkur ist, wie Sie bereits erraten haben, launisch! Er ist der Planet der Kommunikation, des Intellekts, des Multitaskings, des Denkens und der Ausdrucksfähigkeit. Gewöhnlich wird Merkur mit seinen turbulenten retrograden Perioden in Verbindung gebracht. Aber auch so beeinflusst er die Art und Weise, wie Sie Informationen aufnehmen und weitergeben, wie Sie kommunizieren und wie Ihr Reise- und Erkundungsstil ausfällt. Merkur regiert naturgemäß die Zeichen Zwillinge und Jungfrau.

Venus

Venus ist der Planet der Liebe, der Schönheit, der Romantik, der Sinnlichkeit und alles, was mit diesen Aspekten zu tun hat. Kein Wunder, dass Schriftsteller und Dichter sie vergöttern! Benannt nach der griechischen Göttin selbst, beschäftigt sich dieser Planet mit Ästhetik, Schönheit in jeder Form und überraschenderweise auch mit Geld. Er definiert Luxus in Form von teuren Dingen und Schmuck wie Schokolade, Reisen und Juwelen. Venus regiert naturgemäß Stier und Waage.

Mars

Mars wird normalerweise mit Aggression und Tatkraft assoziiert. Er wurde nach dem Gott des Krieges benannt, daher ist er natürlich voller Tatendrang, Energie, Temperament, Action und Kampfgeist. Mars zeigt Ihnen, wie Sie Probleme im Leben angehen und auf Ihre Ziele hinarbeiten können. Er wird auch seinem Beinamen Roter Planet gerecht, denn er wird mit sexueller Aggression und Intensität assoziiert. Mars regiert naturgemäß den Widder.

Jupiter

Jupiter ist der Planet des Optimismus, des Glücks und des Überflusses. Er ist der größte Planet im Sonnensystem und bringt eine Menge Positivität mit sich. Er steht für Positivität, Wachstum, Chancen und gute Schwingungen im Allgemeinen. Er steht auch für Philosophie, Lehre, Bildung, Geisteserweiterung usw. Jupiter lehrt Sie, weiter auf Ihre Ziele und Träume hinzuarbeiten und nicht aufzugeben. Jupiter regiert naturgemäß das Sternzeichen Schütze.

Saturn

Der harte alte Saturn steht für das Leben, Lektionen, Verhaltensregeln, Disziplin, Kritik und harte Entscheidungen. So wie der Mond für mütterliche Instinkte steht, steht Saturn für väterliche Instinkte. Er steht für Herausforderungen und Beschränkungen, Grenzen, Begrenzungen und Straßensperren. Diese können sich erdrückend anfühlen, aber denken Sie daran: Es gibt keinen einfachen Weg durch das Leben. Saturn regiert naturgemäß den Steinbock.

Uranus

Uranus steht für ein Erwachen in sich selbst. Das kann durch eine äußere oder innere Offenbarung geschehen, durch eine Steigerung im Leben oder einfach dadurch, dass Sie Ihr Unterbewusstsein seine Arbeit machen lassen. Er steht für Vorwärtsdenken, Kreativität und Veränderungen. Diese Veränderungen können abrupt sein und zu einer völlig anderen Lebensweise und Denkweise führen. Uranus wird auch als Blitz angesehen, der einen Menschen aus dem Schlummer wachrüttelt und ihm tiefe Einsichten vermittelt. Uranus regiert naturgemäß den Wassermann.

Neptun

Bei diesem Planeten dreht sich alles um Ihre Träume, die mystische Welt, Idealismus, Intuition, übersinnliches Handeln und astrale Aspekte. Neptun ist ein träumerischer Planet, ätherisch und voll von beruhigenden Farben. Er steht für künstlerischen Ausdruck, Spiritualität, Meditation, Eskapismus und arbeitet darauf hin, den Menschen von den Banalitäten des Lebens zu etwas Großartigem zu erheben! Neptun regiert naturgemäß die Fische.

Pluto

Auch wenn Pluto zu einem Zwergplaneten herabgestuft wurde, ist er in der Astrologie immer noch eine gewaltige Kraft. Er steht für einen grüblerischen, dunklen Geist, die Unterwelt, das Okkulte, Intensität und Launenhaftigkeit im Allgemeinen. Pluto ist intensiv und ruhig, tief und dunkel. Er steht für die Extreme - hell und dunkel, Tag und Nacht, Ende und Anfang. Pluto regiert naturgemäß den Skorpion.

Tierkreiszeichen

In der Astrologie gibt es vier Elemente, die jeweils drei Zeichen entsprechen, insgesamt also zwölf. Diese sind Feuer, Erde, Luft und Wasser. Diese Elemente wirken wie Bausteine des Lebens. Jetzt werden Sie sich mit den Elementen befassen und damit, wie die Zeichen mit ihnen verbunden sind.

Das Element Feuer

Widder, Löwe und Schütze fallen in diese Kategorie. Feuerzeichen stehen für Durchsetzungsvermögen, offenes Verhalten und Spontaneität. Feuer ist in der Regel impulsiv und überlegt nicht zuerst. Es steht auch für Leidenschaft, Mut, Kreativität und großen Stolz auf die eigene Arbeit. Höchstwahrscheinlich wird es von einem äußeren Geist geleitet. Feuerzeichen sind der Mittelpunkt einer jeden Party. Sie sind Idealisten und lieben es, die Führung zu übernehmen. Der Widder zum Beispiel ist innovativ, enthusiastisch und immer bereit, sich Herausforderungen zu stellen. Löwe ist ein fixiertes Feuerzeichen; er ist eher loyal, leidenschaftlich und kämpferisch. Solche Menschen eignen sich besonders gut als Manager und Lehrer. Schütze ist ein veränderliches Feuerzeichen, das heißt, es ist flexibler, aber auch feurig, wenn es in Erregung gerät. Solche Menschen eignen sich gut für spirituelle Unternehmungen. Feuerzeichen fallen unter den maskulinen Aspekt.

Das Element Erde
Stier, Jungfrau und Steinbock gehören zu dieser Kategorie. Erdzeichen sind für ihre Zuverlässigkeit, Solidität und Sachlichkeit bekannt. Sie bauen Dinge, sammeln Wertgegenstände, sind pragmatisch und vernünftig, materialistisch und umgeben sich gerne mit feinem Luxus. Sie brauchen das Gefühl, die Kontrolle über ihre unmittelbare physische Umgebung zu haben. Sie eignen sich auch hervorragend als Manager und Verwalter, denn das passt ausgezeichnet zu ihrer Fähigkeit, andere zu führen, selbst Ergebnisse zu erkennen und auch andere in einem gewissen Rahmen unter Kontrolle zu halten! Erdzeichen sind eher feminin.

Das Element Luft
Zwilling, Waage und Wassermann sind Luftzeichen. Diese Zeichen sind lustig, neugierig, intellektuell und, was am wichtigsten ist, fair eingestellt. Luftzeichen sind sozial aktiv, ausgezeichnete Kommunikatoren und von Natur aus humanitär. Waage ist ein kardinales Luftzeichen, Der Zwilling ist ein veränderliches Luftzeichen und Wassermann ist ein fixes Luftzeichen. Der Zwilling ist das anpassungsfähigste der drei Zeichen. Die Waage ist aktionsfreudig, vergleicht Ideen und Träume und ist im Allgemeinen voller Tatendrang. Wassermann ist das beständigste und loyalste dieser Zeichen. Er neigt eher dazu, über Dinge nachzudenken, als impulsiv und überstürzt zu handeln. Genau wie die Feuerzeichen gehören auch die Luftzeichen zur Kategorie der männlichen Zeichen.

Das Element Wasser
Krebs, Skorpion und Fische sind Wasserzeichen. Wie ihr Name schon sagt, sind diese Zeichen für ihre intuitiven Kräfte, ihre tiefe und emotionale Natur und ihre Fließfähigkeit bekannt. So wie stille Wasser tief sind, sind diese Zeichen emotional tief und dunkel. Sie verlassen sich auf ihre Intuition und ihr Bauchgefühl. Von den dreien ist der Krebs liebevoll, fürsorglich und konzentriert sich mehr auf die Gefühle anderer Menschen. Der Skorpion ist magnetisch, geheimnisvoll, übersinnlich und der Hüter aller Geheimnisse. Es gibt nicht viel, was dem scharfsinnigen Skorpion entgeht. Fische sind träumerisch, spirituell und voller Träume, sehr mitfühlend und leicht beeinflussbar. Wasserzeichen sind weiblich und sehr tiefgründig, privat, stur und auch sehr geheimnisvoll. Sie sehen die Dinge nicht an der Oberfläche - sie ziehen es vor, tief zu graben und die wahre Bedeutung der Dinge und

Gefühle herauszufinden.

Da Sie nun ein grundlegendes Verständnis der Wirkung von Planeten und Sternen auf die Menschen auf der Erde haben, nehmen Sie dieses Wissen mit ins nächste Kapitel und wenden Sie dort die Prinzipien und Interpretationen an.

Kapitel Vier: Wie man ein Geburtshoroskop liest

Die meisten Menschen mögen es, ihr Horoskop zu lesen, nicht wahr? Aber haben Sie sich jemals gefragt, wie die Sterne und Planeten Ihre Geschichte so treffend vorhersagen? Da muss doch etwas dahinterstecken. Um zu verstehen, wie ein Geburtshoroskop aufgebaut ist und wie Sie es lesen können, müssen Sie die grundlegenden Konzepte verstehen, die in diesem Kapitel erläutert werden.

Die Häuser

Gemeint ist damit der Himmel zum Zeitpunkt Ihrer Geburt. Die Häuser sind das Rückgrat des Geburtshoroskops. In einem typischen Geburtshoroskop wird die linke Ecke als Aszendent oder Aufgang bezeichnet. Von hier aus lesen Sie das Horoskop und bewegen sich dabei gegen den Uhrzeigersinn. Ein typisches Geburtshoroskop besteht in der Regel aus zwölf Häusern. Gegenüber dem Aszendenten befindet sich der Deszendent Teil des Horoskops.

Das erste Haus im Horoskop stellt die Bereiche Ihres täglichen Lebens dar: Ziele, Selbstwertgefühl, Aussehen, Verhalten, usw.

Die Sternbilder

Die Sternbilder stellen die Eigenschaften des Himmels zum Zeitpunkt der Geburt einer Person dar. Welches war das aufgehende Sternbild? Welches war das untergehende Sternbild? Welches war das neutrale

Sternbild? Hier werden auch die einzelnen Aspekte des Horoskops eines jeden Menschen lebendig.

Die Planeten

Sie sind nicht nur glühende Himmelskörper, die am Himmel kreisen und rotieren. Sie können die Erfahrungen und Eigenschaften der Menschen auf der Erde widerspiegeln. Die Planeten zeigen die Persönlichkeitsmerkmale, Stärken und Schwächen und den gesamten Lebensweg eines Menschen.

Wie können Sie also ein Geburtshoroskop lesen? Indem Sie die oben aufgeführten Hauptkomponenten und andere Elemente wie Aspekte, Scheitelpunkte, Grade, Aszendenten und Deszendenten lesen.

Jedes grundlegende Geburtshoroskop umfasst vier Elemente: die Sonne, den Mond, den Aszendenten und den Herrscher des Horoskops einer Person. Achten Sie also auf die Zeichen- und Häuserstellung dieser vier Elemente und versuchen Sie, das Geburtshoroskop genau zu lesen.

Die Elemente Sonne und Mond

Dies sind nicht nur die grundlegenden Horoskop Elemente, sondern sie sagen auch die grundlegenden Charaktereigenschaften einer Person voraus. Die Sonne befasst sich mit der ausdrucksstarken und männlichen Seite der Persönlichkeit, während der Mond mit dem angeborenen Selbst und der weiblichen Seite verbunden ist. Diese beiden, wie Yin und Yang, ergeben ein ganzheitliches Bild der Persönlichkeit. Identifizieren Sie Ihr Sonnenzeichen und Ihr Mondelement in Ihrem Horoskop mit dieser Symbolik. Die Bedeutungen der Häuser und Sternbilder geben Ihnen ein Bild von Ihrem inneren und äußeren Selbst.

Aszendent und Herrscherelemente

Diese beiden Elemente blicken auf die laufenden und kommenden Phasen in Ihrem Leben und formen Ihre gesamte Persönlichkeit in der Zukunft. Was Ihre Lebenserfahrungen Sie lehren, verrät Ihr Aszendent. Dieses besondere Element ist mit dem ersten Haus verbunden und hat daher nur ein Zeichen, aber keinen Aspekt oder Planeten.

Ihr Herrscher ist der Planet, von dem Sie regiert werden. Wenn Sie sich das Zeichen und die Hausposition Ihres Herrschers oder Planeten ansehen, erfahren Sie viel mehr darüber, wer Sie sind und was aus Ihnen werden könnte. Wenn Sie sich Ihr Geburtshoroskop ansehen, suchen Sie nach diesem Planeten und sehen Sie sich das Sternbild und die Hausstellung an.

Aspekte dsr Geburtshoroskops

Die Verbindungen, die sich zwischen den genannten Komponenten ergeben, werden Aspekte genannt. Für eine detaillierte Analyse des Geburtshoroskops müssen Sie sich mit den in diesem Kapitel beschriebenen Aspekten vertraut machen. Danach sollten Sie sich mit den Planetenwerten befassen. Denken Sie daran, dass die Planeten, die dem Kern Ihres Horoskops am nächsten sind, Ihre Persönlichkeit und Ihre Zukunft bestimmen. Die Planeten in der Peripherie sind nur schwache Schichten dessen, was Sie zu einem ganzen Menschen macht. Alles in allem sollten Sie darauf achten, was Sie im ersten Haus analysieren, denn das ist ein wesentlicher Bestandteil Ihres gesamten Wesens.

Die Zwölf Häuser der Astrologie

Ein typisches Geburtshoroskop ist kreisförmig und in Segmente unterteilt. Das erste Rad im Kreis steht für die zwölf Häuser des Sternzeichens und das zweite Rad für die zwölf Tierkreiszeichen. Dies ist bei jedem anders, je nachdem, wohin sein oder ihr Haus-Eckpunkt fällt. Die Häuser eins bis sechs sind Ihre persönlichen Häuser. Die Häuser sieben bis zwölf werden als zwischenmenschliche Häuser bezeichnet. Jedes dieser Häuser hat seinen eigenen planetarischen Herrscher und sein eigenes Zeichen - und das ist bei jedem Menschen anders. Ein allgemeiner Herrscher des Horoskops und Ihr eigener persönlicher Herrscher des Horoskops können völlig unterschiedlich sein. Schauen wir uns nun an, wofür jedes Haus steht.

Erstes Haus: Selbst

Beherrscht von: Widder und Mars

Deutung: Das erste Haus, auch als Aszendent bekannt, steht ganz im Zeichen Ihrer Person. Was Sie ausmacht - Ihr Selbstwertgefühl, Ihre Ziele, Ihre Führungsqualitäten, Ihre Initiativen und Ihr Aussehen. Es steht in engem Zusammenhang mit allen Anfängen und ersten Malen in unserem Leben.

Zweites Haus: Finanzen und Werte
Beherrscht von: Stier und Venus

Deutung: Dies ist das Haus für physische und greifbare Dinge wie die unmittelbare physische Umgebung, Sinneserfahrungen, Eigentum, Besitz und Reichtum. Es beschäftigt sich auch mit Ihrer Einstellung zu diesen Dingen und dem Wert, den Sie den Dingen und sich selbst beimessen.

Drittes Haus: Kommunikation
Beherrscht von: Zwilling und Merkur

Deutung: Hier geht es um Ihre Methode des Ausdrucks und der Kommunikation mit der Außenwelt. Die Art und Weise, wie Sie mit Menschen, Erfahrungen, Orten und Dingen umgehen, fällt in diesen Bereich. Es bestimmt auch, wie Sie die Logik zu Ihrem Vorteil nutzen, wie Sie Beziehungen innerhalb und außerhalb der Familie führen und wie gut oder schlecht Sie Ihre Argumente vortragen.

Viertes Haus: Zuhause
Beherrscht von: Krebs und dem Mond

Deutung: Dieses Haus ist im wahrsten Sinne des Wortes der Eckpfeiler im Leben eines jeden Menschen, denn in diesem Haus dreht sich alles um Ihr Fundament. Es steht für das Zuhause, die Familie, die Eltern, Stabilität, Fürsorge, Emotionalität, Komfortzonen und Nostalgie. Es steht auch für die Zeit in Ihrem Leben, in der Sie sich am glücklichsten und sichersten fühlten, für Ihre Erinnerungen und manchmal auch für Ihre Vorfahren.

Fünftes Haus: Kreativität und Vergnügen
Beherrscht von: Löwe und der Sonne

Deutung: In diesem Haus geht es um Spaß! Alle Ihre kreativen Beschäftigungen, Hobbys, Leidenschaften, Interessen, Romanzen, Dramen, Affären usw. fallen unter dieses Haus. Es steht auch für Kinder, Glück, Herz und Liebe.

Sechstes Haus: Gesundheit und Dienstleistung
Beherrscht von: Jungfrau und Merkur

Deutung: Ihre Arbeitsmoral, Ihr Dienst am Nächsten, Ihre alltäglichen Aufgaben, Ihre Organisation, Ihre Hingabe an die Arbeit usw. fallen unter dieses Haus. Es steht auch für Ihre Gesundheit, Ihren Lebensstil und Ihre Ernährung, Ihre Bewegung und Ihr persönliches

Streben nach persönlicher Weiterentwicklung.

Siebtes Haus: Partnerschaften
Beherrscht von: Waage und Venus

Deutung: Dieses Haus steht dem ersten Haus (Selbst) gegenüber. Daraus folgt natürlich, dass es in diesem Haus um den Dienst und die Beziehungen zu anderen Menschen geht und nicht um das eigene Ich. Es steht für Beziehungen, Heirat, Handelspartnerschaften, Verträge usw. Umgekehrt kann es auch für negative Partnerschaften wie Feinde, Rechtsstreitigkeiten oder Scheidungen stehen.

Achtes Haus: Sex und Transformation
Beherrscht von: Skorpion und Pluto

Deutung: Dieses Haus hat eine geheimnisvolle Aura, zweifelsohne, weil der stets rätselhafte Skorpion es regiert! Es steht für Tod, dunkle Seiten, Testamente, Investitionen, Erbschaften, Okkultes, Verluste, Opfer und vor allem für Transformation. Etwas Neues beginnt, wenn etwas anderes endet. Es ist ein unausweichlicher Kreislauf. Dies ist ein Haus der Transformation und des persönlichen Wachstums.

Neuntes Haus: Große Ideen
Beherrscht von: Schütze und Jupiter

Deutung: Das dritte Haus offenbart grundlegende Denkprozesse. Im neunten Haus, das ihm gegenübersteht, dreht sich alles um höheres Denken und Philosophie. Es steht für Abenteuer, Reisen, Erkundungen und die ständige Suche nach einem tieferen Sinn des Lebens und fordert sich selbst zum Wachstum heraus.

Zehntes Haus: Öffentliches Ansehen
Beherrscht von: Steinbock und Saturn

Deutung: Dieses Haus wird in der Astrologie auch als Himmelsmitte bezeichnet. Wie Sie Ihr Image in der Öffentlichkeit, Ihren Ruf und Ihren Lebensweg pflegen, wird durch dieses Haus bestimmt und offenbart. Es steht in Verbindung mit Ruhm, Tradition, Ehre, Leistung, Autorität und Einflüssen auf Ihren Lebens- und Karriereweg.

Elftes Haus: Gemeinschaft und Freunde
Beherrscht von: Wassermann und Uranus

Deutung: In diesem Haus geht es um Gruppen, Gemeinschaft, Netzwerke, Freundschaften, Teamarbeit, humanitäre Anliegen, Originalität, Astronomie, Erfindungen usw. Es regiert das Bedürfnis nach sozialer Gerechtigkeit und einem kollektiven Ziel, etwas Besseres im Leben zu erreichen und einen Beitrag zur Gesellschaft zu leisten.

Zwölftes Haus: Unterbewusstes und Geheimnisse
Beherrscht von: Fische und Neptun
Deutung: Dieses Haus steht für die Entwicklung der Seele. Es steht für Geheimnisse, Fantasien, Wünsche, Abschlüsse, Karma, Traumata, Trennung von der Gesellschaft (Gefängnis, Heimeinweisung), paranormale und okkulte Energien, das Alter, das Leben nach dem Tod, unterbewusste Wünsche, usw.

Schwesternzeichen des Tierkreises

Jedes Tierkreiszeichen korrespondiert mit einem anderen Zeichen, und sie können Gegensätze oder Gemeinsamkeiten aufweisen. Diese Zeichen haben auch gemeinsame Modalitäten und verwandte Elemente, wie Sie im folgenden Abschnitt sehen werden.

Modalitäten

Im Tierkreis sind Stier, Löwe, Wassermann und Skorpion als die fixen Zeichen bekannt. Sie sind die stabilsten, stursten und bedächtigsten Zeichen.

Der Zwilling, Schütze, Jungfrau und Fische werden als veränderliche Zeichen bezeichnet. Sie sind bemerkenswert leichtlebig, flexibel und neigen dazu, mit dem Strom zu schwimmen.

Widder, Steinbock, Waage und Krebs sind als kardinale Zeichen bekannt. Diese Zeichen sind für ihr herrisches Wesen bekannt und ergreifen in der Regel viel schneller die Initiative als die anderen Zeichen.

Elemente des Tierkreises

Aktive Elemente

Die Luftzeichen (Zwilling, Waage und Wassermann) und die Feuerzeichen (Widder, Löwe und Schütze) sind die aktiven Elemente.

Passive Elemente

Die Erdzeichen (Stier, Steinbock und Jungfrau) und die Wasserzeichen (Skorpion, Krebs und Fische) fallen in diese Kategorie.

Auch wenn sie polare Gegensätze sind, ergänzen die Schwesterzeichen die Schwächen des jeweils anderen. Sehen Sie sich nun die Schwesterzeichen-Paare im Tierkreis an und verstehen Sie ihre

Interpretationen.

Widder (Erster, Kardinal, Feuer) und Waage (Siebter, Kardinal, Luft)

Ein Widder ist fast immer spontan und der Mittelpunkt der Party. Sie können sprunghaft und schwer zu handhaben sein. Sie sind auch voller Begeisterung für neue Dinge im Leben. Die Waage ist das genaue Gegenteil. Sie ist sanft, geduldig, warmherzig und hält sich gerne aus dem Chaos heraus. Diese beiden Zeichen gleichen sich gegenseitig aus und bilden zusammen ein starkes Team.

Stier (Zweites, Fix, Erde) und Skorpion (Achtes, Fix, Wasser)

Der Stier ist ein Bulle, stur und unnachgiebig. Genau wie der Skorpion. Der Stier liebt Schönheit, Geschmack und Stil in seinem Leben. Das tut der Skorpion auch. Stier und Skorpion sind beide sehr intensive Zeichen. Der Unterschied liegt in der Art und Weise, wie sie mit diesen Persönlichkeitsmerkmalen umgehen. Der Stier ist offen und gibt sie auf transparente Weise zurück. Der Skorpion lässt sich Zeit und plant seine Rache sorgfältig. Beide Zeichen sind völlig unempfindlich gegenüber äußeren Einflüssen, wenn es um ihr Leben und ihre Karriere geht.

Der Zwilling (Drittes, veränderliches Zeichen, Luft) und Schütze (Neuntes, veränderliches Zeichen, Feuer)

Bei dem Zwilling dreht sich alles um Geselligkeit und darum, so viel wie möglich über die Welt zu wissen. Diese Menschen sind in der Regel neugierig auf alle Aspekte des Lebens und auf das, was andere von ihnen hören. Der Schütze versucht, der Welt einen Sinn zu geben. Sie sind die Art von Menschen, die einen Sinn und ein größeres Ziel im Leben suchen. Beide Zeichen sind ein gutes Paar, weil sie sich gegenseitig beflügeln können, um eine neue Perspektive zu gewinnen.

Krebs (Vierter, Kardinal, Wasser) und Steinbock (Zehnter, Kardinal, Erde)

Beim Krebs geht es vor allem um Pflege und Fürsorge. Dieser Pflege- und Mutterinstinkt ist in diesem Zeichen sehr stark ausgeprägt. Sie sind außerdem sehr intuitiv und introspektiv, so dass sie in der Regel erkennen können, wenn sich jemand niedergeschlagen oder deprimiert fühlt. Sie werden immer für Sie da sein und Ihnen den Rücken stärken. Der Steinbock hingegen glaubt an die harte Liebe. Wenn sie eine Beziehung haben oder starke Gefühle für jemanden entwickeln, fühlen sie sich für diese Person verantwortlich. In ihrem fehlgeleiteten Eifer könnten sie versuchen, die andere Person in die Richtung zu lenken, die sie für am besten geeignet halten. Das funktioniert gut mit dem Krebs, denn beide sind zwar fürsorgliche Typen, aber der Krebs wird den Steinbock intuitiv aus der Klemme helfen.

Löwe (Fünfter, Fix, Feuer) und Wassermann (Elfter, Fix, Luft)

Der Löwe ist ein leidenschaftlicher Beschützer und verbindet sich mit Menschen auf einer sehr grundlegenden Ebene. Ihre Emotionen und Handlungen werden immer zu der beschützenden Natur tendieren, die sie besitzen. Auf der anderen Seite glaubt der Wassermann auch an Liebe und Schutz, allerdings auf einer emotionalen und mentalen Ebene. Ein Löwe ist mehr mit dem körperlichen Aspekt verbunden, ein Wassermann mit dem Geist.

Jungfrau (Sechste, veränderlich, Erde) und Fische (Zwölfte, veränderlich, Wasser)

Eine Jungfrau ist sensibel, ehrlich und legt Wert auf Authentizität in allen Aspekten des Lebens. Sie legen Wert auf Wahrheit und Transparenz. Eine Jungfrau ist außerdem intelligent und stabil. Im Gegensatz dazu sind Fische verträumte Menschen, denen eine Menge Pläne und Aktivitäten im Kopf herumschwirren. Sie leben die meiste Zeit in Luftschlössern. Aber auch so macht es Spaß, mit ihnen zusammen zu sein, denn sie sind fantasievoll und kreativ. Die beiden Sternzeichen ergänzen sich hervorragend.

Nachdem Sie nun die Grundlagen der Häuser, Zeichen und Schwesterzeichen im Tierkreis kennengelernt haben, ist es an der Zeit, etwas tiefer in das Lesen eines Geburtshoroskops einzutauchen. Sie werden sich mit anderen Faktoren wie Aspekten, Winkeln und Scheitelpunkten beschäftigen.

Planeten-Aspekte

Der Abstand zwischen zwei beliebigen Planeten und Tierkreiszeichen wird als Aspekt bezeichnet. Aspekte werden mit Hilfe der Geometrie (Grad und Winkel) gemessen. Es gibt sieben Hauptaspekte, die als weich und hart klassifiziert werden. Zu den weichen Aspekten gehören Konjunktion, Trigon und Sextil. Zu den harten Aspekten gehören Halbsextil, Quadrat, Quinkunx und Opposition.

Die sieben Hauptaspekte

- Konjunktion
- Halbsextil
- Sextil
- Quadrat
- Trigon
- Quinkunx
- Opposition

Wie funktioniert das nun bei einem Geburtshoroskop? Wenn Sie zum Beispiel feststellen, dass Merkur und Venus in Ihrem Horoskop einen weichen Aspekt bilden, bedeutet dies, dass sich ihre Kräfte vermischen und Sie möglicherweise ein hervorragendes Liebesinteresse und eine gute Kommunikation mit dieser Person in ihrer nahen Zukunft haben. Wenn die beiden Planeten dagegen einen harten Aspekt bilden, könnten Sie in einem der beiden Bereiche Schwierigkeiten haben.

Schauen wir uns nun jeden der Aspekte kurz an.

Konjunktion: Zwei Planeten im gleichen Zeichen (null Grad voneinander entfernt)

Solche Planeten vereinen ihre Energien, bilden eine starke Allianz und stärken die Menschen in ihrem Umfeld. Wenn Sie zum Beispiel Neptun und Merkur in dieser Konstellation haben, kann das bedeuten, dass Sie ein äußerst kreativer Mensch sind, der manchmal geistesabwesend ist. Wenn drei oder mehr Planeten in Konjunktion stehen, wird dies als Stellium bezeichnet. Auch die Anordnung der Planeten ist wichtig. Wenn es sich um Uranus oder Mars handelt, kann dies für die betreffende Person Stress und Anspannung bedeuten.

Halbsextil: Ein Zeichen auseinander (dreißig Grad Abstand)

Diese Planeten haben möglicherweise keine Gemeinsamkeiten, was die Nähe etwas schwierig macht. Wenn zum Beispiel ein Planet in Schütze und der andere in Skorpion steht, sehen Sie, was passiert. Skorpion ist ein fixes Wasserzeichen und sehr emotional und introvertiert. Schütze ist ein veränderliches Feuerzeichen und extrovertiert. Solange diese beiden im Halbsextil zueinander stehen, wird das Unbehagen anhalten.

Sextil: Zwei Zeichen getrennt (60 Grad Trennung)

Dies ist eine sehr kompatible Situation. Obwohl sie individuell nicht stark sind, bringen sie Zusammenarbeit und freundliche Interaktionen mit sich. Eine solche Konstellation bedeutet eine Menge Kompatibilitätsfaktoren für den Einzelnen. Vergnügen, Geselligkeit und Kameradschaft werden durch dieses Sextil gefördert. Wenn zwei Planeten in Ihrem Horoskop im Sextil stehen, wird dieser Teil Ihres Lebens stressfrei sein. Das kann alles sein - Ihre Karriere, Ihr Liebesleben, Ihre Ehe oder Ihre Kinder.

Quadrat: Drei Zeichen auseinander (90 Grad Trennung)

Dies ist ein klassisches Tauziehen, weshalb dies einer der harten Aspekte ist. Ein Machtkampf ist fast immer die Folge, denn keine der beiden Planeteneigenschaften ist bereit, sich zu bewegen. Wenn zum Beispiel Jupiter in Jungfrau steht und ein Quadrat mit Venus in Schütze bildet, könnte das bedeuten, dass Ihre Neigung zum Mikromanagement überbordet und Sie besessen davon sind, was jeder zu Ihnen sagt. Das würde aber auch bedeuten, dass Sie sich mit Venus in Schütze in impulsive romantische Handlungen stürzen, was vielleicht nicht immer die beste Lösung ist. Wenn Ihr Geburtshoroskop Quadrate enthält, offenbart dies Teile Ihres Wesens, über die Sie nachdenken und an denen Sie arbeiten müssen.

Trigon: Vier Zeichen auseinander (120 Grad Trennung)

Dies wird normalerweise als der beste Aspekt angesehen, da die beteiligten Planeten harmonieren, leicht miteinander interagieren und Glück haben. Wenn sie dieselben Elemente teilen, werden dieselben Ziele und Energien gefördert. Wenn Sie in Ihrem Geburtshoroskop ein Trigon entdecken, sollten Sie sich genau ansehen, was es aussagt. Ein Trigon in stabilen Erdelementen macht Sie zu einem soliden, zuverlässigen Menschen, der zudem ein harter Arbeiter ist.

Quincunx: Fünf Zeichen auseinander (150 Grad Trennung)

Dies ist sozusagen ein exzentrischer Winkel. Dieser Aspekt steht für viel Unbehagen und Zwietracht, denn die Zeichen haben nichts gemeinsam und fühlen sich wie Fremde auf einer Party. Wenn diese Zeichen gut zusammenarbeiten sollen, müssen umfangreiche kooperative Aktivitäten unternommen werden. Wenn Merkur zum Beispiel in der akribischen Jungfrau steht, bildet er ein Quincunx mit Mars im ungeduldigen Widder. Sie sehen bereits das Problem! Detailorientierung verträgt sich nicht gut mit mit dem Strom schwimmen. Solche Quincunxe können unterschiedlich interpretiert werden. Manche Planetenformationen bringen Sie dazu, Risiken einzugehen, andere machen Sie unabhängig, manche treiben Sie in den Wahnsinn, und wieder andere könnten Ihnen helfen, Ihre Ängste zu überwinden.

Gegensätzlich: Sechs Zeichen auseinander (180 Grad Trennung)

Diese Zeichen sind polare Gegensätze, das Aufeinandertreffen von zwei Extremen. Konflikte sind vorprogrammiert, aber auch der Ausgleich und die Spiegelung der Zeichen und Persönlichkeiten. Es gibt einen Grund, warum sich Gegensätze anziehen. Es liegt an dem enormen Lernpotenzial, das die beiden einander bieten. Die Stärken und Schwächen eines jeden Zeichens können genutzt werden, um die des anderen zu erfüllen.

Scheitelpunkte, Grade, Zeichen und Interzeptionen

Man kann nicht isoliert über diese drei Punkte sprechen; sie müssen als Einheit verstanden werden. Ein Scheitelpunkt ist nicht nur der Überschneidungspunkt zwischen zwei Sonnenzeichen. Zum Zeitpunkt Ihrer Geburt befand sich die Sonne in einem Zeichen. Da die Sonne jedes Jahr von Zeichen zu Zeichen wandert, bedeutet der Scheitelpunkt eigentlich, dass imaginäre Linien die Häuser im Horoskop trennen, nicht die Zeichen.

Vier der Scheitelpunkte, die manchmal auch als Winkel bezeichnet werden, haben unterschiedliche Namen.

- Scheitelpunkt des ersten Hauses: Aszendent
- Scheitelpunkt des vierten Hauses: Nadir
- Scheitelpunkt des siebten Hauses: Deszendent
- Scheitelpunkt des zehnten Hauses: Himmelsmitte

Wie Sie bereits wissen, stehen die Häuser für verschiedene Bereiche des Himmels. Das erste Haus steht für den Osten, das siebte für den westlichen Horizont, das zehnte für den höchsten Punkt des Horizonts an einem bestimmten Punkt und das vierte für den gegenüberliegenden Punkt.

Wenn zum Beispiel jemand mit zwanzig Grad Schütze im Aufgang geboren wird, würde das bedeuten, dass in der imaginären 360-Grad-

Uhr oder dem Häuserkreis der Zeiger des ersten Hauses auf die Mitte des Zeichens zeigt, wenn jemand in der Nähe des Äquators geboren ist, und der Zeiger des zweiten Hauses auf die Mitte des Steinbocks.

Nehmen wir an, Schütze befindet sich auf dem Scheitelpunkt sowohl des ersten als auch des zweiten Hauses. Das bedeutet, dass der Steinbock bei der Deutung komplett weggelassen wird und das dritte Haus stattdessen den Wassermann erhält. Diese Art von Situation wird als Abfang bezeichnet. Das bedeutet natürlich nicht, dass der Steinbock verschwunden ist! Er ist lediglich im zweiten Haus versteckt.

Die Planeten werden in Ihrem Planetenhoroskop in zwei Kategorien eingeteilt: äußere und persönliche.

Die äußeren Planeten des Horoskops sind Jupiter, Saturn, Uranus, Neptun und Pluto.

- Jupiter steht für Ihr persönliches und höheres Wachstum.
- Saturn steht für Integrität, Regeln und Ambitionen.
- Uranus steht für Ihre Fantasie.
- Pluto steht dafür, wie bereit Sie für eine Veränderung in Ihrem Leben sind.

Ihre persönlichen Planeten sind die Sonne, der Mond, Merkur, Venus und Mars.

- Die Sonne sagt etwas über Ihre allgemeine Persönlichkeit aus.
- Der Mond verrät Ihnen, was Sie denken und fühlen.
- Merkur steht für Ihre Wahrnehmungen im Leben.
- Mars steht für Ihren Ehrgeiz und Ihre Willenskraft.

Finden Sie heraus, wo die Planeten in Ihrem Geburtshoroskop erscheinen und in welchem Zeichen. Wenn Sie zum Beispiel Uranus in Widder im vierten Haus sehen, bedeutet das Folgendes:

- Uranus = Wachstum, Potenzial, Phantasie
- Widder = feurig, leidenschaftlich, charmant
- Viertes Haus = Familie, Besitz, Beziehungen

Sie wissen jetzt, dass Planeten, Sterne und ihre genaue Ausrichtung zusammen ein ganzheitliches und vollständiges Bild von Ihnen ergeben. Die Antworten auf Fragen können manchmal tatsächlich in Ihrer Planetenstellung gefunden werden.

Kapitel Fünf: Numerologie - Wie sich das Schicksal durch Zahlen offenbart

Numerologie - Was bedeutet das?

Das Studium der Zahlen in Ihrem Leben wird Numerologie genannt. Jede Zahl hat eine tiefe Bedeutung. Das Gebiet der Numerologie ist universell, denn Zahlen sind von Natur aus universell. Die Numerologie ist kein eigenständiges Gebiet. Sie lässt sich gut mit der Astrologie und anderen ähnlichen Methoden der Wahrsagerei verbinden. Die Grundlage dieses Feldes liegt in der Tatsache, dass sich fast alles Greifbare im Universum auf die einfachste Form von Zahlen herunterbrechen lässt.

Die Geschichte der Numerologie

Einige der frühesten Aufzeichnungen zur Numerologie stammen aus Ägypten, Babylon, Rom, China und Japan. Es herrscht Einigkeit darüber, dass der große Mathematiker Pythagoras, ebenfalls ein griechischer Philosoph, als erster radikale Ideen zur Numerologie vorbrachte. Natürlich war sie vor Jahrhunderten noch nicht unter diesem Namen bekannt. Es war Dr. Julian Stenton, der die Nomenklatur erfand.

Positive und negative Zahlen

So wie es auf einer Zahlenskala positive und negative Zahlen gibt, bezieht sich die Numerologie auf das Gleichgewicht der positiven und negativen Energien, die die Zahlen auf Ihr Leben und andere damit verbundene Aspekte wie Karriere, Beziehungen und Gesundheit haben.

Meisterzahlen

11, 22 und 33 sind in der Numerologie als die Meisterzahlen bekannt. In Verbindung mit dem Gesamtkontext haben diese Zahlen eine tiefe Bedeutung. Wie bei jeder anderen Wahrsagerei müssen Sie das Gesamtbild betrachten, bevor Sie etwas interpretieren. Wenn Sie bei der Addition der Zahlen eine zweistellige Zahl, z.B. 52, übrig haben, wird aus 5+2 in der Regel 7. Damit haben Sie Ihre Hauptzahl 7. Aber wenn Ihre Gesamtzahl entweder 11 oder 22 oder 33 ist, addieren Sie diese nicht, um 2, 4 und 6 zu erhalten. Sie lassen die Meisterzahl einfach so stehen, wie sie ist.

Stärken und Schwächen anhand von Zahlen

Die Zahlen verraten viel über Sie, einschließlich dessen, was Sie gut können und woran Sie arbeiten müssen. Für viele Menschen ergibt sich aus der Numerologie der Sinn ihres Lebens!

Kombinationen von Zahlen

Wenn Sie sich das Zahlendiagramm und die mit jeder Zahl verbundenen Eigenschaften ansehen, erhalten Sie mehr Klarheit darüber, warum Ihnen bestimmte Dinge widerfahren. Wenn Sie sich z.B. ständig mit Ihrem besten Freund oder Ihren Geschwistern streiten, wenn Sie keine herzliche Beziehung zu Ihren Lieben haben oder wenn Sie sich von jemandem magnetisch angezogen fühlen, dann wird eine eingehende Betrachtung und Analyse der numerischen Beziehungen zwischen Ihnen und Ihren Freunden und Ihrer Familie eine Menge aufdecken!

Numerologie und Ihre Geburt

Manchmal ändern Menschen ihren Geburtsnamen und hoffen, damit Erfolg und Reichtum zu erlangen. So funktioniert das aber nicht. Sicher, das Hinzufügen oder Entfernen von Buchstaben zu Ihrem Namen verändert die Numerologie Ihrer Geburts- und Lebenszahl, aber der Zeitpunkt Ihrer Geburt, die Ausrichtung der Sterne und Planeten, die Winkel und Grade, die sie gebildet haben, und Ihr Geburtsname ergeben zusammen eine kraftvolle, einzigartige Zahl, die Sie ausmacht.

Numerologie - Was ist das?

Im Grunde sind es viele Berechnungen! Es handelt sich jedoch nicht nur um eine einfache Addition. Diese Berechnungen können mehrere Ebenen und Sequenzen umfassen. Selbst das einfache Lesen ist mit viel harter Arbeit verbunden. Nach einer detaillierten Analyse kann ein Numerologe Ihre Geburtszahl, Lebenswegzahl, Seelendrangzahl, Ausdruckszahl usw. ermitteln. Im Folgenden wird zunächst die Bedeutung der einzelnen Zahlen erklärt und dann auf die anderen Aspekte der Numerologie eingegangen.

Nummer 1: Diese Menschen sind in der Regel ganz vorne mit dabei. Führungsqualitäten, Charisma, Initiative und Unternehmergeist werden mit dieser Zahl in Verbindung gebracht. Allerdings haben diese Menschen auch wenig Geduld im Umgang mit anderen und können manchmal etwas forsch und arrogant wirken. Wenn es um Liebe und Romantik geht, versuchen diese Menschen mit der Zahl 1 lange Zeit allein zu sein, bevor sie jemanden finden!

Nummer 2: Sie schaffen ein feines Gleichgewicht zwischen allen Bereichen in ihrem Leben. Sie sehnen sich nach Harmonie. Aufgrund ihrer anziehenden und lockeren Persönlichkeit sind sie bei allen Menschen beliebt. Aber sie müssen auch ein Machtwort sprechen, wenn es nötig ist, denn ihre aufopferungsvolle Natur kommt ihnen immer wieder in die Quere! Im Geschäftsleben, bei der Lebenswegzahl und bei allen Vereinbarungen, die friedenserhaltende Fähigkeiten erfordern, ist die Zahl 2 eine sichere Erfolgsgarantie.

Nummer 3: Diese Zahl steht für Großzügigkeit, Teamwork und soziale Aspekte. Sie sind der Mittelpunkt jeder Party und die Menschen lieben ihre geistreichen Scherze. Sie neigen auch dazu, bei den banalen oder oberflächlichen Vergnügungen des Lebens zu bleiben, anstatt neue Dinge zu lernen und sich mit etwas Tiefgründigerem zu beschäftigen. Sie neigen dazu, mehr als eine romantische Beziehung zu haben. 3er sind dafür bekannt, dass sie Menschen zusammenbringen und das soziale Feuer am Brennen halten.

Nummer 4: 4er sind hervorragende Planer, Verwalter, Organisatoren und Manager. Sie haben eine exzellente Aufmerksamkeit für Details und können mit jedem auskommen. Sie sind auch sehr geschickt darin, anderen Arbeit abzunehmen. Wenn solche Menschen eine Beziehung eingehen wollen, müssen sie sicherstellen, dass die andere Person mit ihrem Geist mithalten kann. Andernfalls könnte es so aussehen, als würde die 4 überall das Kommando übernehmen.

Nummer 5: Wenn Ihre Lebenswegzahl 5 ist, bedeutet das, dass Sie sich nicht an eine Sache oder eine Person binden wollen. Sie sind ein Freigeist und wollen die Dinge auf Ihre Weise tun - sei es eine freiberufliche Karriere oder eine Vorliebe für Reisen. Sie sind flexibel und weltoffen. Sie brauchen jemanden, der ähnlich denkt oder das genaue Gegenteil, um das Yin und Yang auszugleichen.

Nummer 6: Aufrichtigkeit, Wärme und Zuneigung sind die Markenzeichen der 6er. Diese Menschen sprechen und tun Dinge von Herzen. Ihre natürliche Wärme und Liebe machen sie zu einer beliebten Wahl für Berufe wie Lehrer, Therapeut, Kinderarzt oder Sozialarbeiter. Wenn diese Menschen Beziehungen eingehen oder ein neues Projekt in Angriff nehmen, stürzen sie sich voll und ganz hinein. 6er müssen verstehen, dass zu viel von etwas nicht unbedingt gut ist. Sie müssen lernen, Maß zu halten.

Nummer 7: Diese Menschen verfügen über ausgezeichnete analytische Fähigkeiten und in Verbindung mit ihrem intellektuellen Streben eignen sie sich hervorragend für eine Karriere im Bildungswesen, in der Philosophie, als Detektiv oder bei der Polizei. Diese Menschen arbeiten eher mit dem Kopf, nicht mit dem Herzen. Emotionen und Gefühlsäußerungen sind für sie nicht selbstverständlich.

Nummer 8: Diese Zahl steht für harte Arbeit, Motivation, Aufrichtigkeit und Zielstrebigkeit. Diese Menschen haben fast immer ein gutes Gespür für Zahlen und machen sich gut in der Buchhaltung, im Finanzwesen und als Wirtschaftsberater. Sie sind methodisch und geduldig. Diesen Menschen fällt es leicht, Beziehungen zu knüpfen und aufrechtzuerhalten - auch wenn es ihnen schwerfallen mag, loszulassen.

Nummer 9: Bei 9ern dreht sich alles um Humanität und Führung. Sie neigen auch dazu, so lange zu geben, bis sie nichts mehr haben, allerdings müssen sie sich mehr um sich selbst kümmern und aufhören, andere an die erste Stelle zu setzen.

Die Meisterzahlen

11, 22 und 33 gelten in der Numerologie als die Meisterzahlen, weil 1, 2 und 3 ein Dreieck der Erleuchtung bilden. Die anderen Zahlen, 44, 55, 66, 77, 88 und 99, sind als Machtzahlen bekannt.

Meisterzahl 11: Die intuitivste und analytischste aller Zahlen, die 11, entspricht in vielen Aspekten der Zahl 2 - scharfsinnig, geheimnisvoll, tiefgründig, emotional, stur, aber mit mehr Führungs- und Charismaqualitäten.

Meisterzahl 22: Dies ist eine der erfolgreichsten Zahlen und wird auch als Baumeister bezeichnet. Die 22 spiegelt einige Qualitäten der Zahl 11 wider, aber sie ergänzt diese auch durch ihre angeborene Natur der 2 und 4, wodurch sie analytischer, praktischer und idealistischer wird. 22er müssen lernen, praktisch zu sein, sonst vergeuden sie ihr Potenzial.

Meisterzahl 33: Diese Zahl ist der Meisterlehrer und die spirituellste und ästhetischste Zahl. Sie enthält alle Qualitäten der 11 und der 22 sowie die der 3 und der 6 - das macht sie kraftvoll und magnetisch! Die 33 gilt als aktiv, wenn sie in Ihrer Lebenswegzahl, Ausdruckszahl oder Persönlichkeitszahl vorkommt. Dann ist sie am wirksamsten.

Die Sekundärzahlen

Nummer 10: Zeigt den Abschluss eines Teils Ihres Lebenszyklus oder Ihres karmischen Zyklus an. Wird normalerweise als gutes Omen angesehen.

Nummer 12: Abschluss von etwas, Belohnungen und Glück.

Nummer 13: Unglück, Krankheit, Tod, schlechte Omen und Einschränkungen.

Nummer 14: Geistige und körperliche Umwälzungen, Prüfungen, Einbruchsglück, Verzögerungen und Einschränkung der Freiheit.

Nummer 16: Intellektuelles Streben, emotionale Kühle, kalte Haltung gegenüber etwas oder jemandem.

Nummer 19: Egoistisches Verhalten, Faulheit, Wut, Aggression und Ohnmacht.

Nummer 40: Endgültigkeit in einer Sache, der Beginn eines neuen Projekts oder einer Beziehung.

Sehen Sie sich nun die verschiedenen Aspekte der Numerologie an:

1. Lebenswegzahl
2. Jahreszahl
3. Namenszahl
4. Schicksalszahl
5. Hausnummer

Lebenswegzahl

Dies ist die wichtigste Zahl, die die Grundlage für Ihr Leben und alles, was Sie darin tun, bildet. Sie spiegelt wider, wer Sie sind, welche Eigenschaften Sie haben, wo Sie stark sind und wo Sie sich verbessern können.

Um Ihre Lebenswegzahl zu berechnen, gehen Sie wie folgt vor:

Addieren Sie alle Ziffern Ihres vollständigen Geburtsdatums. Nehmen wir zum Beispiel an, Rachel Jones wurde am 6. April 1998 geboren.

Zerlegen Sie das Datum in:

6+4+1+9+9+8=37

Addieren Sie 3 und 7. Sie erhalten 10. Addieren Sie sie weiter. Sie erhalten eine einzelne Ziffer 1. Dies ist die Lebenswegzahl von Rachel Jones. Wenn Ihre Summe 11, 22 oder 33 ergibt, addieren Sie sie nicht weiter. Die Meisterzahlen haben unterschiedliche Bedeutungen.

Jahreszahl

Jedes Jahr hat eine andere Bedeutung für Ihr Leben. Um Ihre aktuelle Jahreszahl zu berechnen, gehen Sie wie folgt vor:

Addieren Sie das aktuelle Jahr zu Ihrem Geburtsdatum. Ein Beispiel: Das aktuelle Jahr ist 2020 und Ihr Geburtsdatum ist der 5. November:

5+1+1+2+0+2+0=11

Ihre Jahreszahl ist 11.

Namenszahl

Verwenden Sie die untenstehende Tabelle und wandeln Sie die Buchstaben Ihres Namens in Zahlen um. Addieren Sie diese dann, um Ihre Namenszahl zu erhalten. Dies offenbart Ihren Charakter und Ihre Eigenschaften.

Ihr Name ist zum Beispiel Rachel Jones.

R=9, A=1, C=3, H=8, E=5, L=3

J=1, O=6, N=5, E=5, S=1

Rachel Jones lässt sich also als Zahlen übersetzen in:

9+1+3+8+5+3+1+6+5+5+1=47

Außerdem: 7+4= 11

Rachel Jones erhält also die Namenszahl 11.

Innere Persönlichkeit: Addieren Sie die Vokale in Ihrem Namen.

R A C H E L J O N E S = A, E, O, E
A=1, E=5, O=6
1+5+6+5= 17
1+7= 8

Die innere Persönlichkeitszahl ist die 8. Sie beherrscht ihr inneres Selbst.

Äußere Persönlichkeit: Addieren Sie die Konsonanten im Namen.

R A C H E L J O N E S = R, C, H, L, J, N, S
R=9, C=3, H=8, L=3, J=1, N=5, S=1
9+3+8+3+1+5+1= 30
3+0=3

Die äußere Persönlichkeitszahl ist 3. Das ist ihre öffentliche Persona.

Schicksalszahl

Um Ihre Schicksalszahl zu berechnen, addieren Sie Ihre Geburtszahl und Ihre Namenszahl. Wenn Sie mit dem obigen Beispiel fortfahren, werden Sie sehen, dass Rachel Jones eine Lebenswegzahl (Geburtszahl) von 1 hat. Ihre Namenszahl ist 11.

11 +1= 12
1+2=3

Rachels Schicksalszahl ist also 3.

Hausnummer

Sie berechnen einfach die Zahlen Ihrer Adresse. Lassen Sie die Straßen- und Gebäudenamen weg. Reduzieren Sie sie auf eine einzige Ziffer. Hier sind die Interpretationen:

Hausnummer:

1. Steht für Eigenständigkeit, Streit mit Nachbarn, Unzufriedenheit.
2. Steht für Harmonie und den Aufbau guter Beziehungen zwischen den Bewohnern.
3. Steht für eine aufgeschlossene und offene Natur der Menschen.
4. Steht für Unternehmergeist, Heimgeschäfte, Lebensverbesserung.
5. Steht für Ruhe, Energie, Aktivitäten und den Entspannungsmodus der Bewohner.

6. Steht für Familie, Häuslichkeit und Harmonie zwischen den Menschen.
7. Steht für Studenten, introvertierte Natur, sture Haltung.
8. Steht für das Bedürfnis nach mehr Geld, Ausgeglichenheit, unerwartete Ankünfte, ein bisschen Streit.
9. Steht für intellektuelles Streben, Musik, Freude, Glück, neue Projekte.

Zahlen haben, genau wie andere Aspekte des Lebens, versteckte Bedeutungen. Sie können die Weisheit und das Wachstum kultivieren, das Sie brauchen, um sie zu verstehen und zu interpretieren!

Kapitel Sechs: Handlesen - Die Grundlagen des Handlesens

Das Lesen von Handflächen ist oft ein beliebter Zeitvertreib bei Treffen oder Zusammenkünften. Es macht vor allem Spaß, aber es gibt auch eine tiefere Bedeutung hinter all den verschnörkelten Linien und Beulen auf Ihrer Handfläche. Bei der Handlesekunst werden die Hände oder Handflächen gelesen, um die Persönlichkeit, die zukünftigen Aspekte, das Schicksal usw. einer Person zu beurteilen. Diese Praxis ist auch als Chiromantie bekannt. Handlesen bedeutet jedoch nicht nur das Lesen von Handflächen, sondern auch das Lesen Ihrer Finger, Fingernägel und Arme. Jeder einzelne Teil der Handfläche ergibt zusammen eine ganze Bedeutung für die Charaktereigenschaften und die Persönlichkeit einer Person.

Die Ursprünge der Handlesekunst

Diese alte Praxis hat ihre Wurzeln in Indien, Rom und China. Auch andere Länder wie Persien, Griechenland und Ägypten nutzen die alten Aufzeichnungen der Handlesekunst in ihrem täglichen Leben. Die chinesische Geschichte legt nahe, dass die Handlesekunst dort vor fast dreitausend Jahren begann. Eine umfassende Darstellung der Praxis entstand in China zwischen 202 v. Chr. und 9 n. Chr. während der Herrschaft der westlichen Han-Dynastie. Xu Fu schrieb diese Ausarbeitung.

Aristoteles, einer der Großen der Geschichte, beschrieb die Praxis des Handlesens in seinem Buch De Historia Animalium, was übersetzt so viel wie Geschichte der Tiere bedeutet. Er glaubte, dass die in die menschliche Hand gezeichneten Linien eine Bedeutung haben und nicht ohne Grund da sind. Erfahren Sie jetzt mehr über diese faszinierende uralte Praxis, die auch heute noch viele Anhänger findet.

Die großen Handlinien - Was sie sind und wie man sie liest

Wenn Sie sich Ihre Handflächen genau ansehen, werden Sie ein Kreuz aus zahlreichen Linien erkennen. Einige davon können parallel verlaufen, sich kreuzen, als Paar verlaufen und wieder andere können einzeln sein. Jede Linie auf Ihrer Hand sagt etwas aus. Es ist an der Zeit, herauszufinden, was:

Lebenslinie

Dies ist eine der drei Hauptlinien in Ihrer Handfläche. Sie beginnt am Rand der Handfläche zwischen Daumen und Zeigefinger und erstreckt sich bis zum Daumenansatz. Im Allgemeinen sagt sie etwas über die Lebensenergie der Person aus. Das Fehlen einer Lebenslinie ist kein gutes Zeichen. Es bedeutet, dass Sie an einer schlechten Gesundheit leiden und möglicherweise ein kurzes Leben haben werden. Auch häufige Unfälle werden für solche Menschen vorhergesagt. Eine tiefe und lange Lebenslinie deutet dagegen darauf hin, dass die Person sehr widerstandsfähig gegen Krankheiten ist und sich eines langen Lebens erfreuen kann.

Eine dicke Lebenslinie kann bedeuten, dass die Person eher für Jobs geeignet ist, die harte körperliche Arbeit erfordern, als für einen Schreibtischjob. Diese Menschen sind auch gut in körperlicher Aktivität und Sport. Eine dünne und schwache Linie deutet auf gynäkologische Probleme bei Frauen und unbefriedigende Karrierewege in den ersten Lebensabschnitten hin. Eine sekundäre Linie, die parallel zur Lebenslinie verläuft, bedeutet für den Betreffenden eine gute, starke Vitalität. Er oder sie kann sich auch sehr schnell von Krankheiten erholen.

Verzweigungen oder Abzweigungen in der Lebenslinie deuten auf viele Dinge hin: Aufwärts gerichtete Verzweigungen können mehr Möglichkeiten, Chancen, Ruhm und Prestige im Leben bedeuten.

Abwärts gerichtete Zweige können weniger Energie bedeuten, so dass man von seinem Ziel abgelenkt wird und sich in späteren Jahren einsam fühlt.

Herzlinie

Diese Linie wird auch als Liebeslinie bezeichnet und ist für die meisten Menschen von großem Interesse! Diese Linie zeigt normalerweise an, wie eine Person auf Liebe und Zuneigung reagiert. Ihre persönlichen Beziehungen und wie Sie damit umgehen, werden durch die Herzlinie deutlich. Eine gute Linie gilt als tief, ungebrochen, gekrümmt und erstreckt sich über eine lange Strecke ohne Unterbrechung. Wenn sie an ihrem Ende zwei oder mehr Abzweigungen hat, ist das umso besser!

Länge der Herzlinie

Kurz: Eine kurze Herzlinie deutet auf Rücksichtslosigkeit und Engstirnigkeit hin. Solche Menschen handeln, ohne nachzudenken, und haben daher aufgrund ihrer impulsiven Natur Probleme.

Lang: Dies deutet auf eine gewisse Hartnäckigkeit im Umgang mit Menschen hin. Karrieremäßig sind sie erfolgreich, aber auf Kosten ihrer Persönlichkeit. In Herzensangelegenheiten scheinen Romantik und Herzschmerz miteinander einherzugehen. Größere Schwierigkeiten sind zu beobachten, die durch die Entschlossenheit der Person behoben werden.

Höhepunkt am Berg des Jupiter

Dies zeigt viele Träume, Liebe und große Erwartungen an sich selbst.

Kulmination zwischen dem Berg des Jupiter und Saturn.

Wenn die Linie unterhalb des Zeige- und Mittelfingers endet, deutet dies auf die Reinheit der Liebe hin.

Krümmung

Gerade: Dies deutet auf eine stabile, milde und zugängliche Persönlichkeit hin. Bei romantischen Annäherungsversuchen ist diese Person schüchtern und passiv. Sie deutet auch auf ein harmonisches und stabiles Familienleben hin.

Gekrümmt: Wenn die Kurve nach oben zeigt, deutet dies auf eine große Eloquenz der Person hin. Er oder sie kann sich hervorragend ausdrücken und eine günstige romantische Atmosphäre schaffen. Eine abwärts gerichtete Kurve deutet dagegen auf ein negatives Temperament hin. Andere könnten sich in Ihrer Nähe unwohl fühlen, weil Sie nicht in der Lage sind, Ihr wahres Ich und Ihre Gefühle zu zeigen. Für das Liebesleben dieser Persönlichkeit werden einige Dramen und Wendungen vorhergesagt.

Inseln

Alle Inseln in der Herzlinie deuten auf Veränderungen in Ihrem Liebesleben hin, vor allem auf emotionale und romantische Probleme. Ihr Liebesleben könnte eine Art Störung erfahren, eine ablehnende Haltung und andere Gründe zur Sorge.

Unterbrochene Linien

Wenn die Lücke groß ist, gibt es Anzeichen für einen Bruch oder eine Notlage in der Beziehung.

Wenn die Linie unter dem kleinen Finger bricht, deutet dies auf Stress und Schwierigkeiten in Ihrem materiellen und romantischen Leben hin. Es deutet auch auf die Unfähigkeit hin, dem Partner treu zu bleiben, so dass die Beziehung in die Brüche geht.

Wenn die Linie dort endet, wo sich der Ringfinger und der kleine Finger treffen, deutet dies leider auf eine gescheiterte Beziehung oder Ehe hin. Aber es ist noch nicht alles verloren. Sie zeigt auch Freude und eine neue wahre Liebe nach der Tragödie an.

Wenn die beiden unterbrochenen Linien parallel verlaufen, leiden Sie höchstwahrscheinlich an einer schlechten Blutzirkulation und anderen damit verbundenen Beschwerden.

Wenn nichts von alledem zutrifft und die unterbrochene Linie sich in ihre eigene Richtung fortzusetzen scheint, bedeutet dies in der Regel, dass die Person ein wenig neurotisch, impulsiv und schwer zu lieben ist. Diese Person wird ihr Leben ganz sicher so genießen, wie sie es möchte.

Kopflinie

Diese Linie beginnt am Rand der Handfläche und verläuft quer über diese, zwischen der Lebenslinie und der Herzlinie. Die Kopflinie zeigt den Geisteszustand einer Person an, ihre Überzeugungen, ihre Denkweise, ihre Selbstbeherrschung, usw.

Eine lange Kopflinie zeigt, dass Sie einen klaren Verstand haben und rücksichtsvoll und reaktionsschnell sind. Sie würde auch auf übermäßiges Nachdenken hinweisen.

Eine mittellange Linie bedeutet, dass Sie klug sind. Sie haben ein Talent dafür, Dinge auf eine Weise zu tun, die andere nicht können.

Eine kurze Linie reicht nur bis zum Mittelfinger. Solche Menschen sind meist voreilig, impulsiv und unvorsichtig. Umgekehrt kann man sich aber auch darauf verlassen, dass solche Menschen Aufgaben schnell und kreativ erledigen.

Der Grad der Krümmung

Gerade: Dies zeigt in der Regel an, dass eine Person praktisch und engagiert ist. Er oder sie ist typischerweise ein Idealist und macht sich gut in Handel, Wissenschaft und Mathematik.

Gekrümmt: Solche Menschen sind gut in den Bereichen PR, Massenmedien, Psychologie und Soziologie. Sie sind realistisch veranlagt.

Abwärts: Sie haben eine sehr kreative und künstlerische Begabung. Berufe wie Malerei, Wandgestaltung, Poesie und kreatives Schreiben sind für solche Menschen am besten geeignet. Umgekehrt sind Menschen mit dieser Linie auch recht impulsiv, wenn es um den Umgang mit Geld geht.

Beziehung zur Lebenslinie

Verbunden: Wenn sie verbunden sind und sich zum Ende hin aufspalten, zeigt dies normalerweise die Stärke des Charakters an. Wenn sie sich überschneiden, bedeutet dies, dass die Person schüchtern und nachdenklich ist.

Getrennt: Eine solche Linie zeigt eine extrovertierte Persönlichkeit an, die sehr unabhängig ist.

Andere wichtige Linien und ihre Deutungen

Heiratslinie

Einer der Aspekte, der die Menschen normalerweise beunruhigt, ist ihr Eheleben und ihr Familienstand. Diese Linie zeigt Ihre eheliche Situation ganz klar an. Manche Menschen haben eine einzige Linie, andere haben vielleicht mehrere, und wieder andere haben vielleicht gekreuzte Linien oder gar keine Linien. Im Falle einer Ehe-Linie bestimmt die Länge in der Regel das Ergebnis. Abgesehen davon gibt es natürlich auch noch andere Aspekte bei der Deutung der Ehe-Linie. Also, lesen Sie weiter!

Länge

Lang und gerade

Dies ist die ideale Linie, die auf ein tiefes und starkes Band der Liebe hindeutet. Ein glückliches und stabiles Familienleben wird mit dieser Linie gedeutet. Wenn diese Linie Ihre Sonnenlinie berührt, ist das Ergebnis nicht nur eine glückliche Ehe, sondern auch eine erfolgreiche Karriere.

Kurz

Eine kurze Linie bedeutet, dass Sie nicht so leidenschaftlich für das andere Geschlecht sind, wie Sie es sein sollten. Wenn die Linie nicht tief verläuft, bedeutet dies, dass Sie romantische Beziehungen nur zögerlich anstreben. Solche Menschen heiraten in der Regel auch spät im Leben.

Krümmung

Krümmung nach unten

Ominöserweise könnte dies den Tod eines Partners bedeuten, der früher als Sie gestorben ist. Ein plötzlicher Einbruch in der Linie könnte einen Unfalltod bedeuten. Eine nach unten gekrümmte Linie, die die Herzlinie berührt, bedeutet, dass Sie mit Ihrem Partner in Streit geraten und Konflikte haben werden. Dies ist auch die Linie, die auf eine Trennung oder Scheidung hinweist.

Nach oben gekrümmt

Für diese Linie wird ein heiteres Liebesleben angezeigt. Sie sind stabil und glücklich in Ihrer Beziehung und haben keine finanziellen Sorgen für die Zukunft. Diese Art von Linie deutet auf eine glückliche Ehe hin.

Unterbrochene Linie

Eine unterbrochene Linie deutet darauf hin, dass Sie Vorbehalte haben werden, wenn es um Ihr Eheleben geht. Streitigkeiten werden die Grundlage für diese Beziehung sein. Wenn sie einen bestimmten Punkt erreicht, steht fast immer die Scheidung an.

Kreuzungspunkt oder X-Zeichen

In der Handlesekunst gilt alles, was eine Kreuzung oder ein X-Zeichen aufweist, als ungünstig, weil es auf Ärger im Paradies hinweist. Bei solchen Menschen ist die Wahrscheinlichkeit größer, dass sie in ihrer Ehe unglücklich sind und sich streiten. Möglicherweise suchen sie auch Liebesaffären außerhalb ihrer Ehe, was die Situation weiter verschlimmert.

Sich überschneidende Linien

Solche Linien bedeuten in der Regel, dass Sie eine nicht ganz ideale Beziehung führen. Sie haben Vorstellungen und Träume von Ihrem Partner, die in der Realität nur schwer zu erfüllen sind. Wenn Sie unverheiratet sind, werden Sie für lange Zeit Single bleiben. Wenn Sie verheiratet sind, werden Sie sich nach anderen Vergnügungen und Interessen sehnen.

Schicksalslinie

Die Schicksalslinie ist eine weitere große Linie, die in der Nähe der Basis des Mittelfingers über die Handfläche verläuft. Sie kann von überall her beginnen. Sie wird auch als Karrierelinie bezeichnet, weil diese Linie anzeigt, wie gut Sie in Ihrem gewählten Beruf vorankommen werden. Diese Linie zeigt auch Veränderungen in Ihrem Arbeitsleben und Ihrem Karriereweg an. Wenn sie gut definiert und tief ist, können Sie davon ausgehen, dass Sie mit einem großartigen Karriereweg und Glück gesegnet sind. Diese Linie wird auch als Glückslinie bezeichnet.

Fehlen einer Schicksalslinie

Das bedeutet nicht, dass Sie keine fruchtbare Karriere haben werden. Es bedeutet lediglich, dass Sie aufgrund Ihrer Veranlagung zu ständigem Job-Hopping neigen und keine Dauerhaftigkeit in Ihrer Karriere anstreben.

Die Form der Schicksalslinie

Lang und tief

Diese Art von Linie zeigt normalerweise einen starken Unternehmergeist in der Person an. Er oder sie ist sehr gut in der Lage, ein eigenes Unternehmen zu führen.

Schmal und dünn

Wenn diese Linie vom mittleren Teil der Linie zum Ende hin verläuft, bedeutet dies, dass Sie in Ihrer Anfangszeit eine lohnende Karriere haben werden, die sich aber in späteren Jahren zunehmend verschlechtert.

Flache Linie

Harte Arbeit, wenn auch mit einigen Wendungen, zeugt diese Linie an. Wenn die Linie flach und breit ist, werden Sie hart arbeiten, aber die Früchte der harten Arbeit nicht ernten können.

Schräge Linie

Sie zeigt an, dass die Person einen einzigartigen Denkprozess hat und den allgemeinen Ideen und Ansichten bei der Arbeit eine sehr erfrischende Perspektive verleiht.

Die Schicksalslinie und die Herzlinie

Wenn die Herzlinie die Schicksalslinie stoppt, deutet dies in der Regel darauf hin, dass Ihre Gefühle Ihr Denken trüben. Sie regieren eher mit dem Herzen als mit dem Kopf. Dies kann Ihre Karrierechancen beeinträchtigen.

Eine Schicksalslinie, die vom Venusberg ausgeht (umgeben von der Lebenslinie an der Daumenwurzel) und in der Nähe der Herzlinie endet, deutet auf eine Ehe mit einer Person von Ruhm und Ansehen hin.

Die Schicksalslinie und die Kopflinie

Eine frühe Scheidung oder Trennung der Eltern könnte die Folge sein, wenn die Kopflinie die Schicksalslinie aufhält.

Wenn sie die Kopflinie nur streift und sie nicht durchdringt, deutet dies auf Ruhm und Reichtum hin. Es zeigt auch, dass die Person ein Projekt nicht zu Ende führt. Diese Menschen täten gut daran, schon in jungen Jahren Geld zu sparen.

Wenn eine Schicksalslinie an der Kopflinie gestoppt wird, hören Sie aus freien Stücken auf zu arbeiten. Auch wenn Sie das Talent dazu haben, wird eine falsche Einschätzung Ihrer Fähigkeiten Sie dazu bringen. Aber verlieren Sie nicht den Mut. Nach dem 35. Lebensjahr werden Sie eine Art Durchbruch in Ihrem Berufsleben erleben.

Sonnenlinie

Diese Linie beginnt am Mondberg, der sich an der Basis der Handfläche auf der Seite des kleinen Fingers befindet, und führt nach oben zum Sonnenberg, der sich unterhalb des Ringfingers befindet.

Die Sonnenlinie stellt die Art der Talente dar, die ein Mensch besitzt, seine Fähigkeiten und seine Verpflichtungen. Menschen mit einer langen Sonnenlinie stehen im Allgemeinen besser da als Menschen ohne diese Linie. Eine gute, starke Sonnenlinie stärkt die Schicksalslinie.

Einige Anhaltspunkte

Wenn die Linie deutlich ist, deutet dies darauf hin, dass die Person einen feinen Geschmack für Literatur und Kunst hat.

Wenn die Sonnenlinie kurz oder gar nicht vorhanden ist, deutet dies auf ein gewöhnliches und ruhiges Leben hin. Ein völliges Fehlen würde bedeuten, dass der Person der Erfolg fehlt.

Wenn die Linie dünn und schmal ist, deutet dies in der Regel auf ein Leben voller Frustration und möglicher Probleme im Eheleben hin.

Doppelte Linien

Dies zeigt, dass die Person vielseitig und offen für Vorschläge ist. Diese Person verfügt über vielseitige Fähigkeiten und hat einen guten Geschäftssinn.

Mehrere Linien

Wenn mehr als zwei Sonnenlinien vorhanden sind, bedeutet das, dass Sie keinen Kopf für Finanzen haben und möglicherweise Geld verlieren. Ihre Ausgaben sind höher als Ihre Einnahmen. Sie müssen früh mit dem Sparen beginnen und einige Finanzkonzepte lernen.

Sonnenlinie und Schicksalslinie

Wenn diese beiden Linien in Ihrer Handfläche parallel verlaufen, ist das ein besonders gutes Zeichen. Dies bedeutet Erfolg, Glück und einen guten Ruf für die Person während Ihres gesamten Lebens.

Geldlinie

Die Geldlinie finden Sie unter dem Ring- und dem kleinen Finger.

Wenn die Linie definiert und gerade ist, zeigt sie an, dass die Person ein kluger Investor ist und kluge Geldentscheidungen trifft. In Verbindung mit einer klaren Sonnenlinie könnte sie bedeuten, dass die Person später im Leben sowohl Geld als auch Ruhm erlangen wird.

Ist die Geldlinie gewellt, ist der Wohlstand der Person im Leben nicht stabil. Es kann zu Schwierigkeiten im Beruf oder in der Karriere kommen.

Jede andere Krümmung in der Linie deutet auf ein unbeständiges Vermögen hin. Wenn diese Art von Handfläche zu einer generell aufbrausenden Person gehört, bedeutet dies große Schwierigkeiten beim Erreichen von Reichtum und Prestige.

Geldlinie und Sonnenlinie

Manchmal verzweigt sich eine Sonnenlinie und erstreckt sich in Richtung des kleinen Fingers, der zugleich die Geldlinie ist. Diese Art von Linie deutet auf wirtschaftlichen Erfolg und ein großes Gespür für Geldangelegenheiten hin.

Wenn die Sonnenlinie und die Geldlinie miteinander verschlungen oder verbunden sind, kommt diese Person später im Leben in den Genuss eines unerwarteten Geldsegens.

Wenn eine kurze Linie die Geld- und die Sonnenlinie kreuzt, deutet dies auf Feinde in Ihrem Leben hin, die Sie sabotieren und Ihnen Ihren Reichtum rauben wollen.

M-Zeichen

Nach der chinesischen Handlesekunst ist das M-Zeichen in einer Handfläche von Bedeutung. Dies ist der Fall, wenn die Karrierelinie die Kopflinie in aufsteigender Formation durchläuft und ihr Endpunkt die Herzlinie berührt, wodurch eine M-Form entsteht. Menschen mit dieser Linie werden große Reichtümer vorhergesagt.

Geldlinie - Aufwärtsgerichtete Verzweigung

Diese Art von Linie bedeutet, dass die Person mit Geld umgehen kann und sich um geschäftliche oder handelsbezogene Aspekte kümmert. Diese Person wäre die erste Anlaufstelle für alle geldbezogenen Ratschläge.

Gesundheitslinie

Die wichtigste Linie für jeden Menschen! Sie befindet sich an der Basis des kleinen Fingers und kann fast überall in der Handfläche verlaufen. Sie kann mit anderen Linien verbunden sein, muss es aber nicht.

Es gibt einen kleinen Haken an dieser Linie. Obwohl sie als Gesundheitslinie bekannt ist, bedeutet ihr bloßes Erscheinen auf der Handfläche, dass etwas mit den Körpersystemen nicht in Ordnung ist. Natürlich sind nicht alle Gesundheitslinien schlecht. Wenn es sich um eine gerade Linie handelt, die die Lebenslinie nicht berührt, gilt sie als gut. Überraschenderweise ist das Fehlen einer Gesundheitslinie ein gutes Zeichen!

Die Form der Linien

- Gewellt: Dies warnt die Person vor Verdauungs-, Leber- oder Gallenblasenproblemen im Leben. Diese Person könnte auch an Magen-Darm-Problemen leiden.
- Gebrochen: Auch hier ist das Verdauungssystem im Spiel. Stufenförmige Linien oder solche mit einem scharfen Bruch bedeuten Unheil für den Verdauungstrakt der Person.

- Kurze Linien überkreuzen sich: Diese Art von Mensch ist anfällig für Unfälle und leidet über einen langen Zeitraum hinweg unter gesundheitlichen Problemen.
- Mehrere kurze Linien: Diese Person ist in der Regel körperlich geschwächt und war während eines großen Teils ihrer Kindheit und ihres Erwachsenenalters krank.

Länge der Gesundheitslinie

Überschreiten der Kopflinie

Eine lange Gesundheitslinie bedeutet nicht unbedingt eine gute und robuste Gesundheit. Wenn sie die Kopflinie kreuzt, könnte dies sogar bedeuten, dass die Gesundheit durch übermäßige geistige Belastung beeinträchtigt ist.

Ausdehnung bis zum Venusberg

Wenn die Gesundheitslinie bis zum Venusberg reicht, bedeutet dies, dass etwas mit dem Kreislaufsystem nicht in Ordnung ist. Solche Menschen sind anfälliger für Herz- und kardiale Beschwerden und Krankheiten.

Berührung der Lebenslinie

Dies wird in der Regel als ein ungünstiges Zeichen für die Gesundheit gedeutet, ganz im Gegensatz zur Konnotation. Es deutet auf ein schlechtes Kreislaufsystem und ein schwaches Herz hin.

Erhebungen der Handflächen

Nachdem Sie nun die Hauptlinien der Handfläche kennengelernt haben, ist es an der Zeit, sich mit den üblichen Erhebungen in der Handfläche zu befassen und zu verstehen, was sie bedeuten.

Handballenhöcker sind kleine Erhebungen auf der Handfläche. In der chinesischen Handlesekunst gibt es sieben Höcker, die jeweils nach einem anderen Planeten benannt sind und für verschiedene Eigenschaften der Person stehen. Diese Höcker finden Sie an den folgenden Stellen:

- Der Berg des Jupiter: An der Basis des Zeigefingers, über dem Berg des inneren Mars.
- Der Berg des Saturn: Unterseite des Mittelfingers.
- Der Berg des Apollo: Unterseite des Ringfingers.
- Der Berg des Merkur: Basis des kleinen Fingers, oberhalb des Berges des Äußeren Mars.

- Der Berg der Luna oder des Mondes: Basis der Handfläche, auf der Seite des kleinen Fingers.
- Der Berg der Venus: Auf der Basis des Daumens und umgeben von der Lebenslinie.
- Der Berg des Mars: Der innere Mars befindet sich zwischen den Bergen von Jupiter und Venus. Der äußere Mars befindet sich zwischen den Bergen von Merkur und Luna. Die Ebene des Mars, ein neutraler Boden, befindet sich in der Mitte der Handfläche.

Deutung der Handflächenerhebungen

Der Berg des Jupiter

Eine gut entwickelte und bedeutsame Erhebung hier zeigt an, dass die Person karriereorientiert, ehrgeizig und verantwortungsbewusst ist. Dieser Berg zeigt Autorität, Selbstachtung, Ehrlichkeit und Zuverlässigkeit in einer Person. Solche Menschen sind von Natur aus für eine Tätigkeit in der Regierung oder bei den Streitkräften prädestiniert. Wenn dieses Tierkreiszeichen unterentwickelt ist, deutet dies auf einen Mangel an Ehrlichkeit, Moral und Schüchternheit bei der betreffenden Person hin. Diese Art von Mensch scheut auch Ruhm und Ehre. Umgekehrt bedeutet eine besonders starke Ausprägung dieses Tierkreiszeichens, dass die betreffende Person überheblich, hochnäsig und übermäßig ehrgeizig ist.

Der Berg des Saturn

Dieser Berg entspricht der Perspektive und der Integrität. Ein gut ausgeprägter Berg an dieser Stelle zeigt, dass Sie aufrichtig, unabhängig und äußerst intelligent sind, mehr als der Durchschnitt. Solche Menschen sind gute Gelehrte und effiziente Organisatoren. Ist der Berg zu depressiv und oberflächlich, könnten Sie ein einsamer Mensch sein, der zu Aberglauben und religiösen Ansichten neigt. Ist die Erhebung hingegen zu hoch oder ausgeprägt, neigen Sie zu Angeberei und scheren sich möglicherweise nicht um die Meinung anderer. Wenn die Erhebung zu groß erscheint, sind Sie überdurchschnittlich pessimistisch.

Der Berg des Apollo

Apollo steht für Schönheit, Emotionen und Reichtum. Ein gut ausgeprägter Berg deutet auf eine starke Affinität zu Kunst und Kultur hin. Sie werden jemand sein, der die Schönheit um sich herum liebt.

Solche Menschen sind auch mitfühlend und setzen sich gerne für andere ein. Eine niedrige Erhebung an dieser Stelle bedeutet einen Mangel an Interesse an den Künsten.

Der Berg des Merkur

Dieser Berg steht für Ihre Fähigkeit, zu denken und Entscheidungen im Leben zu treffen. Ein gut entwickelter Höcker bedeutet, dass die Person einfallsreich ist und sich an jede Lebenssituation anpassen kann. Solche Menschen eignen sich gut für Notfalldienste und Managementstudien. Der Fallstrick ist jedoch eine ausgeprägte Erhebung - sie führt zu Angeberei und Pomp, nicht zu Substanz. Wenn die Erhebung niedrig ist, deutet dies darauf hin, dass die Person eine negative Veranlagung hat und nicht an einem Strang ziehen wird.

Der Berg der Luna

Ähnlich wie der Mond steht dieses Tierkreiszeichen für Geheimnisse, Phantasie und viele Intrigen. Wenn dieser Höcker entwickelt ist, bedeutet das ein hohes Maß an Intuition und Vorstellungskraft und die Fähigkeit, weit und breit zu träumen. Solche Menschen neigen auch zu Depressionen, weil sie manchmal von ihren Gefühlen übermannt werden. Eine niedrige Erhöhung bedeutet, dass die Person nicht offen für neue Ideen ist. Ein höherer Höcker bedeutet, dass die Person sehr emotional und offen für Liebe und Romantik ist. Umgekehrt bedeutet ein niedriger Höcker, dass diese Menschen kein Interesse an Liebe oder Verpflichtungen zeigen. Ihr Leben ist eher eintönig.

Der Berg des Mars

Innerer Mars: Ein stark ausgeprägter Marsberg steht in Verbindung mit einer abenteuerlichen Ader und deutet auf Mut und Furchtlosigkeit hin. Ein überdurchschnittlich stark ausgeprägter Marsberg kann auch auf Aggression und Kampftrieb hinweisen. Eine unterdurchschnittliche Erhebung deutet normalerweise auf Unentschlossenheit der Person hin.

Äußerer Mars: Manchmal auch als negativer Mars bezeichnet, steht dieser Höcker für Selbstbeherrschung. Ein starker Mars bedeutet, dass Sie durch das Leben segeln, ohne dass größere Ängste oder Gefahren Sie aufhalten. Sie halten Rückschläge aus. Sie sind jemand, der nicht gerne finanzielle Risiken eingeht.

Mars-Ebene: Sie wird als Ebene bezeichnet, da sie weder zu hoch noch zu niedrig ist. Wenn sie keine Kreuze oder Schnörkel aufweist, ist das ein gutes Zeichen. Es bedeutet, dass Sie im Leben gut vorankommen. Alle anderen Linien zeigen an, dass Sie sich gegen Hindernisse wehren müssen, um ein gutes Leben zu führen.

Der Berg der Venus

Ähnlich wie die griechische Göttin steht diese Erhebung im Zusammenhang mit Liebe und Zuneigung. Wenn sie prominent ist, zeigt sie, dass die Person Geselligkeit genießt und sehr sentimental ist. Ist er zu niedrig, bedeutet dies, dass es der Person an Energie fehlt und sie kaltherzig ist. Ist er zu hoch, wird die Person übermäßig energisch, was zu Komplikationen in ihrem Liebesleben führen kann.

Linke und Rechte Hand

Nachdem Sie so viel über die Praxis und das Studium der Handlesekunst gelesen haben, sehen Sie sich nun den Unterschied zwischen der linken und der rechten Hand an.

In der Handlesekunst gilt die linke Hand als passiv und die rechte Hand als dominant. Dies gilt für den Großteil der Bevölkerung. Wenn Ihre dominante Hand die rechte ist, sollten Sie idealerweise diese für die Deutung verwenden. Wenn Sie Linkshänder sind, sollten Sie diese Hand zum Lesen vorlegen. In der Regel lesen die meisten Therapeuten jedoch beide Handflächen, um Sie besser verstehen zu können.

Die linke Hand enthüllt: Ihre Vermögensposition, Ihre Familie, Ihre Möglichkeiten, Ihr Potenzial, Ihre Persönlichkeitsmerkmale, Ihre Macken und Ihre Ängste.

Die rechte Hand offenbart: Ihr Handlungspotenzial, Ihren Antrieb, Ihr Schicksal und Ihre zukünftigen Ziele.

Das Lesen beider Hände ist wichtig, denn beide Hälften machen ein vollständiges Ich aus. Sie können nicht eine Hand lesen und die andere weglassen, denn das würde nur eine halbe Deutung bedeuten. Hüten Sie sich vor billigen und anmaßenden Hellsehern, die nur eine Handfläche lesen und Vorhersagen herunterleiern. So funktioniert die Handlesekunst nicht.

Nachdem Sie nun ein grundlegendes Verständnis der Handlinien und Erhebungen haben, lesen Sie weiter, um eine weitere reizvolle und interessante Methode der Wahrsagerei zu entdecken: die Runen.

Kapitel Sieben: Runenwerfen I: Wie man die Runen wirft

Was ist Runenwerfen?

Runenwerfen ist eine weitere Methode der Wahrsagerei, die es schon seit langer Zeit gibt. Die Runen werden auf eine bestimmte Art und Weise geworfen, ausgebreitet und dann gedeutet. Genau wie andere Formen der Wahrsagerei geben Ihnen die Runen nicht die genaue und wörtliche Bedeutung der Ereignisse in Ihrem Leben. Nichts wie „Wen werde ich heiraten?" oder „Wann werde ich befördert?". Wie alles andere auch, ist das Runenwerfen lediglich ein Hilfsmittel. Sie werden hier Antworten finden, aber nehmen Sie diese nicht für bare Münze. Diese Methode schlägt Ihnen verschiedene Optionen und Variablen für Ihre Fragen und Probleme vor und bietet sie Ihnen an. Sie müssen in sich selbst schauen und die Antworten finden.

Ursprung des Runenwerfens

Nach der nordischen Legende wird dem nordischen Gott Odin die Entdeckung des Runenalphabets zugeschrieben. Seine Ursprünge sind so tief und alt wie die nordischen Götter selbst. Runen sind Alphabete, die als das Futhark bekannt sind. Es war in den skandinavischen und deutschen Ländern populär, bevor es sich in der ganzen Welt verbreitete. Das Wort Rune bedeutet ein Mysterium oder Geheimnis. Sie sind meist aus Stein gefertigt. Die Runenalphabete sind eine vielfältige Sammlung von Symbolen, die für verschiedene Bedeutungen stehen. Diese Runenschnitzereien sind überall in den skandinavischen Ländern zu finden. Diese Schnitzereien gehen auf die frühe Bronzezeit zurück!

Die ältesten Alphabete sind als das Ältere Futhark bekannt, das vierundzwanzig Runen enthält. Im Laufe der Zeit wurde dieses Alphabet verändert und in das angelsächsische Englisch umgewandelt. Eine neuere Version des Runenalphabets ist als das Jüngere Futhark bekannt. Aufgrund der Variationen des Alphabets kann man davon ausgehen, dass die Methode des Runenwerfens durch die Migration und Auswanderung der Menschen überall auf der Welt verbreitet wurde.

Die ersten sechs Buchstaben des Älteren Futhark buchstabieren wörtlich FUTHARK.

- F für Fehu - Reichtum, Hausvieh, Wohlstand oder Gewinn
- U für Uruz - wilder Ochse, Entschlossenheit oder Lebenskraft
- T für Thurisaz - Riese, Dorn, Problem, Kraft oder unerwartete Veränderung
- H für Hagalaz - Hagel
- A für Ansuz - Vorfahren, der eigene Gott, Kommunikation oder Wissen
- R für Raidho - Streitwagen, Wagen, Fahrzeug, Reise oder Bewegung
- K für Kenaz - Fackel, Leuchtfeuer, Führungslicht, Feuer oder Energie

Wie bereits erwähnt, hat sich aus dem Runenalphabet das englische Sprachalphabet entwickelt. Wie Sie vielleicht wissen, leitet sich das Wort Alphabet von zwei griechischen Wörtern ab, Alpha und Beta. Das Ältere Futhark ist das älteste und bekannteste Alphabetsystem, denn es ist auch die älteste Form der Schrift, ein vollständiges symbolisches System, das um 400 v. Chr. in Schweden auftauchte. Es gibt Hinweise darauf, dass mehr als fünfzig Runensteine in der Wikingerzeit (950-1100 n. Chr.) entdeckt wurden. Diese Steine verbreiteten sich in Dänemark, Schweden, Grönland, Kopenhagen und Deutschland.

Runen

Sie können entweder ein Set Runen kaufen oder Ihre eigenen herstellen. In der Antike wurden die Runen aus einem bestimmten Holz hergestellt, heutzutage gibt es jedoch verschiedene Holzarten wie Eiche, Zeder oder Kiefer. Runensymbole können in Holz oder Stein geschnitzt oder sogar gemalt werden. Andere Materialien zur Herstellung von Runen sind Metall, Knochen, Kieselsteine oder Kristalle. Wenn Sie gerade erst anfangen, empfehlen wir Ihnen ein einfaches Set von Runen.

Nach einer Weile des Übens können Sie zu einem speziellen Runen-Set übergehen. Schauen Sie, wohin Ihr inneres Licht Sie führt, und wählen Sie ein bestimmtes Runen-Set, das Sie auf Ihrer Reise begleitet! Wie bei jeder anderen Methode der Wahrsagerei ist die Wahl Ihres Runensets und das Werfen damit eine sehr persönliche Entscheidung und sollte von niemandem und nichts beeinflusst werden. Es kommt darauf an, was Sie damit tun, nicht auf das Material selbst. Wenn Sie sich ein Runenset zulegen, wird es höchstwahrscheinlich von einer klaren und präzisen Anleitung begleitet sein. Darin erfahren Sie, was jede Rune darstellt, was das Alphabet bedeutet, wofür die Symbole stehen und wie Sie die Bedeutung interpretieren sollten, indem Sie das Gesamtbild betrachten, anstatt sich nur auf ein Symbol oder eine Idee zu konzentrieren.

Das Runentuch

Dies ist ein Stück Stoff, auf das Sie die Runen legen, während Sie eine Deutung vornehmen. Normalerweise ist ein Runentuch weiß und nicht zu groß. Machen Sie sich keine Sorgen, Sie brauchen kein exquisites und teures Tuch für das Runenwerfen, nur weil Sie irgendwo gelesen haben, dass Runenwerfen eine magische und exotische Idee ist. Das Tuch soll nur verhindern, dass Ihre Runensteine oder Kristalle schmutzig werden. Staub beeinträchtigt das Runenwerfen und jede andere Art des Lesens, daher hilft das Tuch, die Runen sauber zu halten.

Wie man Runen wirft

Es gibt keine festgelegte Methode dafür. Es gibt jedoch einige bewährte Muster und Legesysteme, die Sie ausprobieren können.

Sie brauchen einen ruhigen Ort und eine günstige Zeit, um mit dem Lesen zu beginnen. Jede Störung von außen wirft einen Schatten auf Ihr Inneres und verstärkt den Aufruhr, was zu einer ungenauen Deutung führt. Sie brauchen einen klaren Geist, um sich auf das vorliegende Thema zu konzentrieren. Atmen Sie tief durch und beruhigen Sie Ihren gesamten Körper und Geist. Denken Sie über jedes Problem oder jede Frage nach, die Ihnen auf der Seele brennt. Wenn Sie möchten, können Sie ein stilles Gebet zu einem Gott oder einer Gottheit Ihrer Wahl sprechen. Legen Sie Ihr Runentuch vor sich aus und legen Sie die Runen darauf.

Wie beim Tarot gibt es auch beim Runenwerfen verschiedene Legesysteme und Anordnungen. Wenn Sie dies jedoch zum ersten Mal versuchen, gehen Sie einfach vor. Suchen Sie sich eine Rune aus und analysieren Sie sie vollständig. Wenn Sie sich mit einem einfachen Legesystem vertraut gemacht haben, können Sie die anderen Varianten ausprobieren.

Bevor Sie die Runen auf das Tuch legen, bewegen Sie Ihre Hand in dem Beutel und schütteln Sie die Runen. Das ist ähnlich wie das Mischen der Karten in einem Tarotdeck. Wie bei anderen Wahrsagerei-Methoden werden auch beim Runenwerfen alle Einflüsse - Vergangenheit, Gegenwart und Persönlichkeit - berücksichtigt, um einen Leitfaden für die Person zu finden. Bei einem Runenwurf müssen Sie drei Runen aus dem Beutel ziehen, eine nach der anderen, und sie auf das Tuch legen. Die erste von ihnen zeigt eine allgemeine Zusammenfassung Ihrer Situation oder Ihres Problems an, die zweite befasst sich mit den Problemen, auf die Sie im Laufe Ihres Handelns stoßen könnten, und die dritte stellt dar, was Sie tun sollten, um diese Hindernisse zu überwinden und Ihr Ziel zu erreichen. Eine andere Art von Legesystem ist die Neun-Runen-Anordnung.

In der nordischen Mythologie gilt die Neun als eine magische Zahl! Für diese Legung mischen Sie Ihre Runen und nehmen neun davon heraus, eine nach der anderen, und verstreuen sie einfach auf dem Tuch. Es gibt kein bestimmtes Muster, wohin die Runen fallen sollen. Öffnen Sie nun die Augen und sehen Sie, welches Muster sich durch die Runen gebildet hat. Welche sind nach oben und unten gerichtet? Befinden sich einige in der Nähe der Mitte des Tuches? Einige könnten sich am äußersten Ende befinden. Schauen Sie, wohin jede Rune gefallen ist und in welche Richtung. Deuten Sie sie dann und denken Sie dabei an Ihre vergangenen und gegenwärtigen Einflussfaktoren.

So interpretieren Sie das Runenwerfen

Wie im Runenalphabet üblich, hat jedes Symbol mehr als eine Bedeutung. Daher betonen Experten, dass Sie sich nie einfach an die angegebene Bedeutung halten sollten, sondern sich ein Gesamtbild verschaffen und dann eine Interpretation vornehmen sollten. Ein Beispiel: Ehwaz bedeutet Pferd. Es bedeutet auch Rad oder Glück. Bedeutet das also, dass Sie ein Pferd bekommen? Oder einen neuen Satz Räder? Oder haben Sie vielleicht einfach nur Glück? Könnte sein. Aber fügen Sie das zu den anderen Runen hinzu und betrachten Sie die vergangenen und gegenwärtigen Einflüsse sowie die Persönlichkeit der Person. Es könnte alles Mögliche bedeuten. Vielleicht hat die Person Glück auf ihren Reisen. Vielleicht können sie wie das Pferd im Wind galoppieren und ihren Stall, d.h. ihr wahres Ziel, finden. Manchmal können diese drei Bedeutungen auch auf etwas noch Besseres hinweisen - vielleicht einen unerwarteten Bonus oder eine Beförderung bei der Arbeit!

Machen Sie sich keine Sorgen, wenn Sie nicht sofort zufriedenstellende Ergebnisse erzielen. Es braucht Zeit, Geduld und jahrelanges Studium, bevor Sie die Runen und ihre Bedeutungen wirklich verstehen können. Es gibt mehrere Bücher und Online-Ressourcen, die Sie bei Ihrer Recherche unterstützen können. Schauen Sie sich diese an und versuchen Sie Ihre eigenen Lesungen. Natürlich müssen Sie sich, wie bei jeder anderen Methode der Wahrsagerei auch, auf Ihre Intuition und Ihre Schlussfolgerungen verlassen, um eine umfassende Analyse zu erhalten. Genau wie bei den Tarotkarten kann eine auf dem Kopf stehende oder seitlich liegende Rune eine völlig andere Bedeutung haben als eine aufrecht stehende Rune. Konsultieren Sie unbedingt Ihren Ratgeber, um die richtige Bedeutung herauszufinden.

Wie Sie Ihre Runen pflegen

In der Regel werden Runensteine oder -kristalle in einem kleinen Beutel aufbewahrt, der mit einer Schnur zusammengebunden ist. Das Säckchen ist weich und hält die Runen sicher an einem Ort. Alternativ können Sie auch eine Runenbox oder eine Runentruhe verwenden, in der Sie Ihre Stoffe und Runen zusammen aufbewahren können. Achten Sie nur darauf, dass Sie sie nach jedem Lesen reinigen.

Manchmal werden leere Runen in einem Runenset geliefert. Das könnte viel Raum für Interpretationen lassen, aber traditionelle Praktiker des Handwerks haben gesagt, dass sie noch nie so etwas wie eine leere Rune in ihren Würfen gesehen haben. Wenn Sie sie aus Ihrer

Sammlung entfernen möchten, ist das auch in Ordnung!

Da Sie nun wissen, was Runen sind und wie man sie wirft, sollten Sie sich im nächsten Kapitel einige Layouts und Legesysteme für das Runenwerfen ansehen.

Kapitel Acht: Runenwerfen II: Layouts und Legesysteme für die Wahrsagerei

Hier finden Sie einige beliebte Legesysteme und ihre Interpretationen.

Ein-Runen-Layout

Der Klassiker und die einfachste Variante. Sie nehmen eine Rune aus dem Beutel und legen sie auf Ihr Tuch. Diese repräsentiert Ihre allgemeine Einstellung und Ihre Gefühle in Bezug auf Ihre Frage.

Zwei-Runen-Layout

Sie wählen zwei Runen aus und legen sie auf das Tuch. Sie repräsentieren die Vorstellung von dem, was war und was sein könnte. Die erste könnte für Aspekte Ihres Lebens stehen, die sich jetzt gerade entfalten, und die zweite könnte auf Ereignisse in der Zukunft hinweisen und darauf, wie Sie sich diesbezüglich fühlen.

Drei-Runen-Layout

Dies bezieht sich auf das Layout der Vergangenheit, der Gegenwart und der Zukunft. Die erste ist die Vergangenheit - Dinge oder Ereignisse, die bereits stattgefunden haben und unter deren Einfluss Sie jetzt handeln. Die zweite ist die Gegenwart, in der es um Ereignisse geht, die gerade stattfinden. In der dritten geht es um das Ergebnis dessen, was Sie sich erbeten oder gewünscht haben.

Vier Richtungen Layout

Die vier Himmelsrichtungen stehen für verschiedene Aspekte Ihres Lebens. Der Norden (Nordri) steht für die Vergangenheit, der Westen (Vestri) für die Gegenwart, der Osten (Austri) für die Zukunft und der Süden (Sudri) für alle möglichen Ergebnisse dieser Legung.

Interpretieren Sie dies jedoch nicht so, dass Ihre Zukunft vorhergesagt ist oder dass Sie einen klaren Blick auf das haben, was passieren wird. Je nachdem, wie Sie die Antworten interpretieren, wird es für Sie mehrere Möglichkeiten und Ergebnisse geben.

Fünf-Kreuz-Layout

Die erste Rune steht für die Frage, die Sie gestellt haben. Die zweite Rune steht für alle Aspekte, die mit der Frage zusammenhängen, also auch für die Vergangenheit. Die dritte Rune steht für etwas, das in der Frage, die Sie gestellt haben, verborgen oder übersehen wurde. Die vierte Rune informiert Sie über die Lebensenergie, die mit der Frage verbunden ist. Die fünfte Rune liefert Antworten oder mehrere Optionen für die Frage.

Layout der Midgardschlange

In der Mythologie glaubte man, dass dieses extrem lange Ungeheuer im Meer lebte. Sie müssen Ihre Runen nicht unbedingt in der gleichen Formation, in einer fließenden Kurve, anordnen, wie es die Figur vorschlägt. Die Figur symbolisiert lediglich eine Schlange. Sie beginnen mit dem Schwanz und arbeiten sich langsam zum Kopf vor. Auf dieser Reise werden Sie metaphorische Hügel erklimmen, in Schluchten fallen und stolpern. Es wird Zeiten und Muster von Belohnungen und Ruhepausen geben. Dies ist im Grunde die Reise des Lebens.

Die erste Rune steht für Ihre Vergangenheit und die Gefühle, die Sie mit ihr verbinden. Bei der zweiten Rune geht es um das, was Sie in Bezug auf bestimmte schmerzhafte Ereignisse in der Vergangenheit durchgemacht haben. Sie hat auch mit Hindernissen und Blockaden zu tun. Die dritte Rune steht für Ihre Gegenwart - Ihren Geisteszustand und Ihre Einstellung, sich der Vergangenheit und ihren Herausforderungen zu stellen und gegenwärtige Hindernisse zu überwinden. Die vierte Rune fordert Sie auf, Ihre Reise zu beginnen. Hier gibt es einen höheren Buckel, der auf noch mehr Probleme hinweist. Die fünfte Rune gibt Ihnen einen Einblick in Ihre Reise. Sie sehen Ihr Ziel und sind beschwingt! Die sechste sagt Ihnen, dass Sie hart arbeiten und sich mehr anstrengen müssen, um Ihr Ziel zu erreichen. Das letzte Symbol stellt den Kopf der Schlange dar. Symbolisch gesehen, ist dies Ihr Ziel.

Seien Sie sich darüber im Klaren, dass dies nicht nur eine Zeitlinie von Ereignissen darstellt, die Sie zum Erreichen Ihres Ziels benötigen, sondern auch einen Zyklus. Sobald Sie die Reise beendet haben, wartet eine weitere auf Sie. Das lehrt Sie, nicht selbstzufrieden und gleichmütig zu sein.

Bifrost Layout

Nach der nordischen Mythologie bezeichnet Bifrost eine Brücke, die die Welt der Menschen mit der Welt der Götter verbindet. Mit dieser Art von Layout stellen die Runen eine tiefe Verbindung zwischen der materiellen und der astralen Welt her.

Die Anordnung ist wie ein Regenbogen, mit den Farben VIBGGOR (violett, indigo, blau, grün, gelb, orange und rot). Jede Farbe hat eine Bedeutung.

- Rot - vergangene Haltungen und Gefühle
- Orange - was Sie in der Gegenwart sehen und wahrnehmen
- Gelb - Ihre gegenwärtige Einstellung
- Grün - die Auswirkungen Ihrer geistigen Verfassung auf Ihr gegenwärtiges Handeln
- Blau - welche Einstellung Sie für die Zukunft haben werden
- Indigo - die Auswirkungen Ihrer gegenwärtigen Einstellung auf Ihre Zukunft
- Violett - die Summe Ihrer Ergebnisse

Gitter der Neun Layout

Nehmen Sie die Runen heraus und legen Sie sie in ein Raster. Die erste Rune, die Sie herausnehmen, kommt in die Mitte der dritten Reihe, die zweite Rune in die rechte Ecke der ersten Reihe und so weiter. Wenn Sie die Zahlen aus einer der Spalten oder Reihen addieren, erhalten Sie fünfzehn.

Lesen Sie zuerst die dritte Reihe - hier geht es um Ihre vergangenen Erfahrungen und Gefühle gegenüber Dingen und Menschen.

Die dritte Reihe enthält drei Runen in der Reihenfolge 8, 1 und 6.

- 8 - entspricht den verborgenen Bedeutungen und Einflüssen der Vergangenheit
- 1 - entspricht den grundlegenden Instinkten der Vergangenheit
- 6 - entspricht der gegenwärtigen Einstellung und Geisteshaltung

Die zweite Reihe enthält die Runen in der Reihenfolge 3, 5 und 7.

- 3 - entspricht den Einflüssen der Gegenwart, die teilweise verborgen sind
- 5 - entspricht den Ereignissen, die derzeit stattfinden und Ihr Leben prägen
- 7 - entspricht Ihrer Einstellung und Ihren Gefühlen gegenüber diesen Ereignissen

Die oberste Reihe ist die letzte, die zu lesen ist. Sie enthält die Runen in der Reihenfolge 4, 9 und 2.

- 4 - steht für die Ergebnisse der Zukunft, Verzögerungen oder Hindernisse
- 9 - entspricht der Frage, um die es geht, und ihren Auswirkungen
- 2 - entspricht dem, was Sie wirklich über das Problem oder die Frage, die Sie gestellt haben, fühlen und denken

Odins Neuner-Layout

Historisch gesehen stellt dieses Layout den Körper von Odin dar, wie er an einem Baum hing. Um dieses Layout zu lesen, gehen Sie folgendermaßen vor:

Stellen Sie sich das Layout als vier Spalten vor.

In der ersten stehen die Zahlen 1 und 2.

- 1 - verborgene Einflüsse aus Ihrer Vergangenheit
- 2 - Ihre gegenwärtige Einstellung zu vergangenen Ereignissen

In der zweiten Spalte stehen die Zahlen 3 und 4.

- 3 - die Wirkung der verborgenen Einflüsse in der Gegenwart
- 4 - Ihre Einstellung und Ihr geistiger Zustand zu den gegenwärtigen Ereignissen

In der dritten Spalte stehen die Zahlen 5 und 6.
- 5 - alle Hindernisse, die Sie daran hindern könnten, das Ergebnis zu sehen
- 6 - Ihre Reaktion auf das Ergebnis

Die letzte Spalte enthält die Zahlen 7, 8 und 9.
- 7 - steht für die Kräfte, die Sie bereits haben oder für die erste Spalte brauchen werden
- 8 - steht für die Kräfte, die Sie bereits haben oder die Sie für die zweite Spalte benötigen werden
- 9 - steht für die Kräfte, die Sie bereits haben oder die Sie für die dritte Spalte benötigen

Die letzte Spalte, die Odins Speer zeigt, steht für die Kräfte, die Sie für jede der drei vorangegangenen Spalten haben oder benötigen.

Keltische Kreuz Legung

Dieses Legesystem ähnelt dem eines Tarots. Konzentrieren Sie sich bei diesem Legesystem auf die Platzierung der ersten beiden Runen. Im Idealfall können Sie die Person, die die Runen wirft, eine bestimmte Rune auswählen lassen, die mit ihrer Frage zu tun hat - Liebe, Karriere, Beziehungen, Gesundheit, Leben, usw. Wenn Sie können, malen Sie ein Bild, das diese Rune darstellt, und bitten Sie die Person, sich während des Lesens darauf zu konzentrieren und zu fokussieren. Eine andere Methode besteht darin, eine zufällige Rune aus dem Beutel zu nehmen und sie auf das Papier zu zeichnen. Es handelt sich dabei um eine zufällige Rune, die nicht unbedingt etwas mit der Frage zu tun hat, die die Person stellen möchte. Die zweite Rune sollte über der ersten platziert werden. Wenn dies jedoch nicht möglich ist, legen Sie sie neben die erste Rune.

- 1 - das Problem oder die Frage, um die es geht
- 2 - die äußeren Einflüsse, die ein Hindernis darstellen könnten
- 3 - die verborgenen Einflüsse, die das Problem beeinflussen
- 4 - die persönlichen Einflüsse der Person, die die Frage stellt
- 5 - alle Ängste oder Bedenken, die die Person in Bezug auf ihre Frage hat
- 6 - Einflüsse von Familie und Freunden
- 7 - die Träume und Hoffnungen der Person, die die Frage stellt

- 8 - Ängste oder negative Gefühle in Bezug auf die Zukunft
- 9 - der Umgang der Person mit ihren vergangenen und gegenwärtigen Einflüssen
- 10 - das Ergebnis der gesamten Lesung

Egils Walknochen-Layout

Dieses Layout basiert auf einer mythologischen Geschichte aus Island, die von einem Dichter, Egil, erzählt, der Helga heilt, die aufgrund von falsch eingeritzten Runen krank wurde. Egil kratzte diese ab und ritzte heilende Runen in den Stein, wodurch sie wieder gesundwurde. In dieser Lesung werden die Runen nicht einzeln gelesen, sondern in vier Dreiergruppen aufgeteilt. Die Deutung ist wie folgt:

Gruppe 1: Runen-Nummern 1, 2 und 3

In diesem Märchen wusste der ursprüngliche Schnitzer genau, was er tat. Das bedeutet, dass Sie, wenn Sie sich die erste Gruppe von Runen ansehen, wissen, was Sie vom Leben wollen. Sie kennen Ihre Absichten, Ziele, Wünsche und Gefühle. Diese müssen Sie im Hinterkopf behalten, wenn Sie fortfahren.

Gruppe 2: Runen Nr. 4, 5 und 6

Helga, das Mädchen in dem Märchen, wird krank, weil der Schnitzer die falschen Runen in die Steine geritzt hat. Diese Gruppe weist darauf hin, dass Sie in die Irre geführt werden können, wenn Ihre Absichten falsch oder bösartig sind - wenn Sie nur das Ziel sehen und nicht den Weg dorthin.

Gruppe 3: Die Runen-Nummern 7, 8 und 9

Helgas Vater ist Thorfinn, und natürlich war er besorgt, dass seine Tochter krank werden könnte. Diese Gruppe von Runen deutet darauf hin, dass sich Ihnen Hindernisse und Dornen in den Weg stellen werden. Das können direkte Blockaden sein, aber auch solche, die sich versteckt halten. Nehmen wir an, Sie brauchen finanzielle Hilfe. Vielleicht erhalten Sie plötzlich finanzielle Unterstützung von jemandem, von dem Sie nie gedacht hätten, dass er Ihnen helfen würde. Oder wenn es Ihr Ziel ist, für die Zukunft zu sparen, lassen Ihre Ausgabengewohnheiten dies vielleicht nicht zu, was zu Problemen und Frustration führt. Der Schlüssel dazu ist, dass Sie ein Auge darauf haben, was Sie tun.

Gruppe 4: Runen 10, 11, und 12

Egil, Helgas Retter, entfernt die falschen Runen und schnitzt die heilenden ein. Diese Runengruppe sagt Ihnen, dass Sie alle Selbstzweifel überwinden und auf Ihr Ziel zusteuern sollen. Behalten Sie alle Kommentare im Kopf, aber nehmen Sie sie sich nicht zu Herzen.

Da Sie nun ein grundlegendes Verständnis der Runen und ihrer Bedeutungen haben, ist es an der Zeit, sich mit einer anderen beliebten Methode der Wahrsagerei zu befassen: Tarot.

Kapitel Neun: Tarot-Lesen I: Die Große Arkana

Tarotkarten wurden im fünfzehnten Jahrhundert zunächst für unterhaltsame Spiele verwendet, erst zu Beginn des achtzehnten Jahrhunderts begann man, sie ernster zu nehmen und in Verbindung mit Wahrsagerei zu verwenden. Antoine Court und Jean-Baptiste Alliette leisteten einen wichtigen Beitrag zur Popularisierung des Tarots in Paris, von wo aus alles seinen Anfang nahm.

Was brauchen Sie für eine Lesung?

Zunächst einmal brauchen Sie ein Kartenspiel. Es gibt viele verschiedene zur Auswahl, das beliebteste ist Rider-Waite. Jedes Tarot-Kartendeck enthält 78 Karten, die in zwei Kategorien unterteilt sind, die Große Arkana und die Kleine Arkana. Die zweiundzwanzig Karten des Großen Arkana beziehen sich auf die wichtigsten Aspekte und Einflüsse im Leben eines Menschen. Das Kleine Arkana befasst sich mit alltäglichen Dingen. Die 56 Karten des Decks sind in Stäbe, Schwerter, Münzen und Kelche unterteilt. In der Regel sind Stäbe Symbole für Kreativität, Schwerter für intellektuelle Tätigkeiten, Münzen für Geldangelegenheiten und Kelche für emotionale Angelegenheiten. Mehr über das Kleine Arkana erfahren Sie im nächsten Kapitel.

Kartenlegen - Grundlagen

Es gibt verschiedene Legesysteme für die Karten. Die gängigsten sind das Drei-Karten-Legen, das Keltische Kreuz und das Sieben-Tage-Legen. Bei einem Legesystem mit drei Karten mischen Sie die Karten und der Kartenleger zieht drei Karten aus dem Deck. Die erste Karte steht für die Vergangenheit, die zweite für die Gegenwart und die dritte für die Zukunft. Eine weitere gängige Lesung ist die tägliche Kartenlesung. Dabei wird eine einzelne Karte aus dem Deck gezogen und ihre Bedeutung für den jeweiligen Tag gedeutet.

Bemerkenswerte Fakten über Tarot

- Jeder Mensch hat eine Tarot-Geburtskarte. Möchten Sie wissen, wie? Rechnen Sie Ihren Geburtstag zusammen! Zum Beispiel: 10. Februar 1980. Das wäre dann 1+0+2+1+9+8+0, was 21 ergibt. 2 und 1 ergeben 3. Das bedeutet, dass Ihr Geburts-Tarot die Kaiserin ist!
- Der Mythos, dass man sich kein eigenes Tarotkartendeck kaufen kann und es geschenkt bekommen muss, ist völlig unwahr. Sie können durchaus Ihr eigenes Deck kaufen und eine Lesung durchführen.
- Jeder kann das Tarot lesen; Spiritualität ist nur ein Aspekt davon, jedoch benötigen Sie für das Lesen Intuition.
- Es gibt grundlegende Elemente, die mit dem Tarot verbunden sind. In dem Kleinen Arkana wird Wasser mit Kelchen, Erde mit Münzen, Luft mit Schwertern und Feuer mit Stäben assoziiert.

Die zweiundzwanzig Karten des Großen Arkana stellen alltägliche Situationen dar, mit spezifischen Bedeutungen und Botschaften. Sie sind nicht einfach nur Karten, sie sind ein Mittel der Erzählung. Die folgenden zweiundzwanzig Karten stehen für Ihren Lebensweg und die Lektionen, die Sie lernen. Es ist an der Zeit, sich ohne Umschweife darauf einzulassen!

0. Der Narr

Aufrechte Position

Die erste Karte im Tarotdeck, der Narr, gilt als gutes Omen, denn er ist ein kindliches Wesen, unverdorben und sich der Herausforderungen des Lebens, die vor ihm liegen, nicht bewusst (genau wie ein Kind). Er ist unschuldig und voller Freude und Wunder. Diese Karte in Ihrer Legung ermutigt Sie, sich der Welt und ihren Herausforderungen offen zu stellen. Erkennen Sie Ihr Potenzial und setzen Sie es um.

Umgedrehte Position

Wenn diese Karte auf dem Kopf liegt, entdecken Sie vielleicht eine andere Seite an sich, die Sie bisher noch nicht erforscht haben. Dieser Teil könnte im Schatten des Egos und der Unwissenheit verborgen sein, oder Sie hegen vielleicht böse Gefühle gegenüber jemandem oder haben psychologische Blockaden, die gelöst werden müssen.

1. Der Magier

Aufrechte Position

Bei dieser Karte dreht sich alles um Sie - Ihr einzigartiges Wesen und Ihre Fähigkeiten, die Sie von anderen unterscheiden. Wenn diese Karte in Ihrer Lesung auftaucht, bedeutet das, dass Sie bereits über alle Fähigkeiten und Tricks verfügen, die Sie brauchen, um Ihre Träume und Ziele zu erreichen. Nichts kann Sie jetzt noch aufhalten.

Umgedrehte Position

Umgekehrt würde eine umgedrehte Karte bedeuten, dass Sie Ihr eigener schlimmster Feind sind! Vielleicht sabotieren Sie unbewusst Ihre Bemühungen. Vielleicht haben Sie das Gefühl, dass Ihre Gedanken und Ideen zu fortschrittlich und schockierend sind, um sie in die Tat umzusetzen, oder vielleicht sind Sie sich einfach nicht bewusst, welche Qualitäten Sie besitzen, oder es fehlt Ihnen der Mut, dies herauszufinden.

2. Die Hohepriesterin

Aufrechte Position

Dies ist vielleicht die intuitivste Karte des Decks. Sie befasst sich mit Ihrem bewussten Geist, Ihrem Bewusstsein und auch mit dem Unterbewusstsein. Wenn Sie diese Karte ziehen, sagt sie Ihnen, dass Sie nach innen schauen und auf Ihre innere Stimme hören sollen. Ihr Bauchgefühl weiß bereits, was richtig und falsch ist. Sie müssen ihm nur vertrauen und darauf hören. Im Tarot erscheint diese Karte, wenn der Narr beschließt, zu sehen, welche Kräfte und Fähigkeiten er entwickeln kann.

Umgedrehte Position

Diese Karte zeigt Ihnen an, dass Sie so sehr in Ihr Leben, Ihre Gedanken und Ideen vertieft sind, dass es zu einer ungesunden Besessenheit geworden ist. Es gibt eine andere Welt da draußen, die ebenso erforscht werden muss. Diese Karte versucht, Ihnen etwas über das Gleichgewicht beizubringen.

3. Die Herrscherin

Aufrechte Position

Diese Karte ist die weiblichste Karte des Decks und steht in einer Lesung für Liebe, Schönheit und Zärtlichkeit. Sie steht auch für Fruchtbarkeit und Mutter Natur. Die Herrscherin wird auch die große Recyclerin genannt, denn sie kann alle Verwüstungen und Umwälzungen, die Ihren Frieden stören und zerstören, wiederbeleben und wiederherstellen.

Umgedrehte Position

Umgekehrt betrachtet steht diese Karte symbolisch für Stürme, Tsunamis und Wirbelstürme, die die Natur entfesseln. Sie deutet auf einen Anstieg verdrängter Emotionen hin, die unsägliches Elend auslösen können, wenn sie nicht frühzeitig unter Kontrolle gebracht werden.

4. Der Herrscher

Aufrechte Position

Diese Karte steht für Macht, Ehrgeiz und Führung. Der Herrscher ist eine Macht, mit der man rechnen muss, denn er hat schon viele Schlachten überstanden. Er steht auch für Autorität, Struktur und Festigkeit in seinem Wesen.

Umgedrehte Position

Wenn Sie eine umgedrehte Karte des Herrschers erhalten, bedeutet dies in der Regel, dass Sie dazu neigen, herrisch und streitsüchtig zu sein und sich wie ein Tyrann zu verhalten. Vielleicht lieben Sie es, geschmeichelt zu werden und viel Lob für Ihre gute Arbeit zu bekommen. Das ist auf lange Sicht kein gutes Zeichen. Sie könnten Freunde verlieren und am Ende nur noch Schmeichler als Gesellschaft haben.

5. Der Hierophant

Aufrechte Position

Er ist ein himmlischer Bote. Seine Aufgabe ist es, den Menschen auf der Erde Spiritualität und mystische Lektionen zu vermitteln. Diese besondere Karte bedeutet in einer Lesung, dass Sie die Regeln verstehen und befolgen müssen. Sie werden auch ermutigt, eine spirituelle Perspektive zu finden.

Umgedrehte Position

Dies deutet auf eine Rebellion Ihrerseits hin. Seien Sie sich jedoch bewusst, dass gerade die Tradition, gegen die Sie rebellieren, manchmal auch einen beruhigenden Einfluss hat.

6. Die Liebenden

Aufrechte Position

Wenn diese Karte in Ihrer Lesung auftaucht, bedeutet das in der Regel, dass die Beziehungen in Ihrem Leben und Ihr Liebesleben etwas Aufmerksamkeit brauchen. Abgesehen von der Liebe kann diese Karte auch für einen Scheideweg in Ihrem Leben stehen, an dem Sie alle Möglichkeiten abwägen müssen, bevor Sie eine Entscheidung treffen.

Umgedrehte Position

Dies bedeutet, dass Sie auf Widerstand stoßen oder dass sich vielleicht jemand gegen Ihre Beziehungen stellt. Möglicherweise haben Sie auch ein persönliches Interesse an der Opposition. Sie müssen mit sich selbst ins Reine kommen, wenn Sie aus dieser Situation herauskommen wollen.

7. Der Wagen

Aufrechte Position

Diese Karte steht für Entschlossenheit und den Willen zum Erfolg. Sie lässt die Person wissen, dass neben der Entschlossenheit auch ein starker Verstand und ein kraftvoller Denkprozess sie erfolgreich und glücklich machen können.

Umgedrehte Position

Wenn der Wagen umgedreht ist, könnte das bedeuten, dass Sie bestimmte Aspekte Ihres Lebens in die Hand nehmen müssen, um sie mit dem Rest Ihrer Persönlichkeit oder Ihren Lebensereignissen in Einklang zu bringen. Vielleicht müssen Sie sich auch mit Ihrem inneren Widerstand gegen Veränderungen auseinandersetzen und ihn überwinden.

8. Die Gerechtigkeit

Aufrechte Position

Auf jedes Karma, das Sie im Leben machen, gibt es eine gleiche und entgegengesetzte Reaktion. Das Leben gibt Ihnen jetzt das, was Sie in der Vergangenheit getan haben - ob es nun eine Strafe oder eine Belohnung ist. Mit anderen Worten: Alles was passiert, kommt zurück. Wenn diese Karte in Ihrer Lesung auftaucht, sollten Sie eine Bestandsaufnahme Ihrer Handlungen machen und überprüfen, ob Sie die Dinge richtig machen oder nicht.

Umgedrehte Position

Eine umgekehrte Karte wird Ihnen nicht sofort klar sein, denn manchmal gibt es Gründe, die Sie nicht verstehen können. Sie müssen Geduld haben und darauf warten, dass Ihnen die Wahrheit offenbart wird.

9. Der Eremit

Aufrechte Position

Der Eremit möchte allein sein. Diese Karte bedeutet, dass Sie sich vom Lärm und Chaos der Außenwelt zurückziehen und nach einem inneren Sinn suchen wollen. Die einzige Herausforderung besteht darin, einen Lehrer zu erkennen, wenn Sie einen sehen, denn der Lehrer ist vielleicht stumm, unsichtbar oder spricht in einer anderen Sprache.

Umgedrehte Position

Dies könnte bedeuten, dass Sie Angst haben, allein zu sein, oder dass Sie sich sträuben, den Weg der Weisheit zu beschreiten, weil Sie sich vor der ungeheuren Macht Ihres Intellekts fürchten.

10. Das Schicksalsrad

Aufrechte Position

Dieses Rad dreht sich wie ein echtes Rad. Das Erscheinen dieser Karte bedeutet, dass nichts im Leben von Dauer ist. Alles ist zyklisch - gut, schlecht, Liebe, Hass, Reichtum und Armut. Jeder muss durch diese Phasen gehen. Das einzig Beständige ist der Wandel.

Umgedrehte Position

In dieser Karte wird normalerweise die Umkehrung des Schicksals dargestellt. Das bedeutet, dass Sie zurückgehen und noch einmal von vorne anfangen müssen. Denken Sie daran, dass dies gut ist, denn der einzige Weg vom Tiefpunkt führt nach oben!

11. Die Kraft

Aufrechte Position

Bei dieser Karte geht es nicht nur um körperliche Stärke, sondern auch um Ihre geistige Stärke und Begabung, den Mut Ihres Herzens und Ihre Fähigkeit, das Leben zu seinen eigenen Bedingungen zu gestalten. Wenn diese Karte in Ihrer Lesung auftaucht, bedeutet das, dass Sie bereit sind, das Leben zu Ihren Bedingungen zu meistern und auf alles gefasst sind.

Umgedrehte Position

Im Umkehrschluss kann diese Karte bedeuten, dass Sie keine Überzeugungskraft haben. Sie werden hart daran arbeiten müssen, Ihre unkontrollierten und wilden mentalen Tendenzen zu überwinden, um erfolgreich zu sein.

12. Der Gehängte

Aufrechte Position

Diese Karte offenbart eine Schwebeposition, in der Sie sich befinden könnten. Sie sind verwirrt und können sich nicht entscheiden, wohin Sie sich bewegen sollen. Sie könnte auch auf einen Mangel an Stabilität in Ihrer Persönlichkeit und weniger Energie hinweisen.

Umgedrehte Position

Dies könnte bedeuten, dass Sie Ihre Freude opfern möchten und etwas für das größere Wohl eines anderen wollen. Ohne dass Sie einen offensichtlichen Nutzen daraus ziehen, ist dies fast ein selbstloser Akt des Altruismus!

13. Der Tod

Aufrechte Position

Vielleicht die am meisten missverstandene Karte überhaupt, aber der Tod ist keineswegs eine ungünstige Karte. Er bedeutet einen neuen Anfang! Sie steht für das Ende eines Projekts, eines Plans oder einer Beziehung und deutet auf ein neues Projekt hin.

Umgedrehte Position

Umgekehrt könnte dies bedeuten, dass Sie lange an etwas festgehalten haben und Angst haben, es loszulassen. Sie fürchten die Konsequenzen oder die Zukunft und wollen Ihre gewohnten Muster nicht ändern.

14. Die Mäßigkeit

Aufrechte Position

Eine Karte wie diese steht für Mäßigung, Geduld und Frieden. Wenn diese Karte in Ihrer Lesung auftaucht, bedeutet das, dass Sie sich in diesem bestimmten Aspekt Ihres Lebens auf dem richtigen Weg befinden und Sie sollten unbedingt mit dem Strom schwimmen.

Umgedrehte Position

Aber Vorsicht! Wenn diese Karte umgedreht ist, könnte das bedeuten, dass Sie Ihrer selbst überdrüssig sind und aufgeben wollen. Es gibt auch viel Apathie und Selbstverleugnung. Sie sehen nur die Negativität und das Chaos in Ihrem Leben und haben Schwierigkeiten, die sonnigen Seiten Ihres Lebens zu genießen.

15. Der Teufel

Aufrechte Haltung

Wenn man vom Teufel spricht, dann erscheint er auch! Diese Karte deutet auf gewisse übermächtige Gefühle der Machtlosigkeit in Ihrem Wesen hin. Sie haben das Gefühl, dass Sie in einer bestimmten Situation Ihres Lebens feststecken und es keine Hoffnung gibt. Ihr innerer Kompass schwingt sich auf die Negativität der Situation ein.

Umgedrehte Position

Wenn diese Karte in der umgedrehten Position erscheint, könnten Sie allerdings ein Unruhestifter sein! Normalerweise sind Sie gerne mittendrin im Geschehen und könnten sogar die Ursache für das Chaos sein. Diese Karte mahnt Sie, Ihr Verhalten zu überwachen.

16. Der Turm

Aufrechte Position

Diese Karte ist aus gutem Grund gefürchtet, denn sie steht für die Zerstörung von etwas, das Sie lieben. Denken Sie jedoch daran, dass eine schwache Struktur den Kräften des Lebens nicht standhalten kann. Etwas muss zerfallen, damit etwas anderes an seiner Stelle entstehen kann.

Umgedrehte Position

Atmen Sie erleichtert auf! Das Schlimmste ist vorbei. Diese Karte zeigt an, dass sich der Umbruch in Ihrem Leben dem Ende zuneigt und ein Neuanfang vor der Tür steht.

17. Der Stern

Aufrechte Position

Genau wie die Sterne am Nachthimmel steht diese Karte für Hoffnung, Ruhe und Heilung. Dies ist ein sicheres Zeichen dafür, dass das Universum mit Ihnen zusammenarbeitet und will, dass Sie Erfolg haben.

Umgedrehte Position

Es könnte bedeuten, dass Sie von Ihrem eigenen Wesen, Ihren Zielen und Fähigkeiten abgelenkt sind. Vielleicht fühlen Sie sich zeitweise von sich selbst entfremdet. Jetzt ist es an der Zeit, sich wieder auf Ihre Talente und Begabungen zu besinnen und sie gut zu nutzen.

18. Der Mond

Aufrechte Position

Diese Karte erscheint, wenn Sie sich ängstlich fühlen, sich vor etwas fürchten, angespannt sind und ungewöhnlich unglücklich. Sie ist auch mit Ihrer Seele und Ihrem Unterbewusstsein verbunden. Sie versucht, Ihnen den Zustand Ihres inneren Wesens mitzuteilen.

Umgedrehte Position

Diese Karte zeigt an, dass Sie sich vielleicht selbst belügen oder versuchen, sich etwas vorzumachen, was Ihr Ego nicht verletzt und es in Sicherheit bringt. Die Versuchung, sich mitreißen zu lassen, ist groß, aber Sie müssen sich beherrschen, bevor sie Sie überwältigt.

19. Die Sonne

Aufrechte Position

Genau wie die helle und fröhliche Sonne am Himmel verkörpert diese Karte Freude, Vitalität und pure Freiheit. Wenn diese Karte aufgedeckt wird, können Sie sicher sein, dass die Dinge gut für Sie laufen.

Umgedrehte Position

Dies bedeutet, dass Sie bescheiden und dankbar für all die Segnungen und Erfolge sein sollten, die sich Ihnen bieten.

20. Das Gericht

Aufrechte Position

Eine entscheidende Karte; hier werden Vergangenheit, Gegenwart und Zukunft miteinander verknüpft. Wie bei einem echten Gericht werden Sie hier daran erinnert, dass Ihre gegenwärtigen Handlungen Ihre Zukunft bestimmen werden. Sie ist auch als Karte der Auferstandenen bekannt.

Umgedrehte Position

Dies bedeutet in der Regel, dass es etwas Äußeres gibt, das Ihren Erfolg immer wieder blockiert. Sie müssen sich diesen Einschränkungen stellen, wenn Sie eine Chance auf Freude haben wollen.

21. Die Welt

Aufrechte Position

Wenn diese Karte in der Lesung auftaucht, bedeutet das, dass Sie genau dort sind, wo Sie im Leben sein sollen. Ob es sich um Ihre Karriere, Ihr Leben, Ihre Ehe, Ihre Liebe oder Ihre Gesundheit handelt - Sie sind an diesem bestimmten Punkt angekommen. Dies ist sozusagen Ihre endgültige Verwirklichung.

Umgedrehte Position

Dies ist ein kleines Hindernis auf Ihrem Weg, nichts Ernstes. Sie müssen diesen kleinen Hindernissen nur mit einem Lächeln begegnen und mit Ihrem Leben weitermachen.

Hatten Sie Spaß mit den Großen Arkana? Dann ist es jetzt an der Zeit, in den noch größeren Pool der Karten der Kleinen Arkana einzutauchen!

Kapitel Zehn: Tarot-Lesung II: Das Kleine Arkana

Im vorigen Kapitel haben Sie gelernt, was die Karten des Großen Arkanas bedeuten. Im Folgenden erfahren Sie, was die Karten des Kleinen Arkana bedeuten, was soviel wie kleine Geheimnisse bedeutet. Dieser Aspekt befasst sich also mit Dingen und Ideen, die in den Bereich des Alltäglichen fallen, mit kleinen Projekten, unbedeutenden Angelegenheiten usw. Nur weil sich diese Karten nicht mit der Persönlichkeit im Ganzen befassen, bedeutet das jedoch nicht, dass sie weniger wichtig sind als die Karten des Großen Arkanas. Kleine Details machen ein ganzes Wesen aus, und daher sind diese Karten für uns Menschen genauso wichtig.

Das Kleine Arkana besteht aus 56 Karten, die sich wie folgt kategorisieren lassen:

- Farbe der Stäbe (vierzehn Karten)
- Farbe der Münzen (vierzehn Karten)
- Farbe der Kelche (vierzehn Karten)
- Farbe der Schwerter (vierzehn Karten)

Jede dieser Karten ist ähnlich wie ein normales Kartenspiel, beginnend mit dem Ass, weiter bis zur 10 und dann die vier Sonderkarten: Bube, Ritter, Königin und König. Nun ist es an der Zeit, in das Studium und die Deutung der Karten des Kleinen Arkanas einzutauchen.

Farbe der Stäbe

Diese Karten werden hauptsächlich mit dem Element Feuer und dem Solarplexus-Chakra in Verbindung gebracht. Es steht in engem Zusammenhang mit Ihren Leidenschaften und Träumen, die Sie mit großem Eifer und Intensität verwirklichen wollen. Ob Sie Pläne schmieden und daran festhalten oder angesichts von Hindernissen leicht aufgeben, zeigt Ihnen diese Kartenfarbe. Die Stabkarten zeigen, woran es Ihnen mangelt: an Ausgeglichenheit im Leben, an Selbstvertrauen, um Probleme anzugehen, an Führungsqualitäten und an innerer Kraft. Jede der Karten hat die Macht, die Lesung sofort zu verändern - von positiv zu negativ und umgekehrt.

As der Stäbe

Aufrechte Position

Dies bedeutet in der Regel ein Schritt mit unmittelbaren Konsequenzen, der Sie auf Ihr Ziel zu- oder von ihm wegführen könnte. Es deutet auf einen Neuanfang im Leben oder bei einer Unternehmung hin und auch darauf, ob Sie den nötigen Elan besitzen, um das Projekt abzuschließen. Es zeigt, dass Sie jetzt bereit sind, einen neuen Schritt nach vorne zu machen - sei es in Ihrer Karriere, Ihrer Beziehung oder in einem anderen wichtigen Aspekt Ihres Lebens.

Umgedrehte Position

Dies kann bedeuten, dass Sie Veränderungen nicht mögen und sich ihnen aktiv widersetzen. Aber es bringt Sie auch dazu, dieses Szenario zu verstehen und gibt Ihnen den Mut, die Widrigkeiten zu überwinden.

Zwei der Stäbe

Aufrechte Position

Dies ist der zweite Schritt auf Ihrem Lebensweg. Diese Karte bedeutet, dass Sie aus Ihrer Komfortzone heraustreten und sich auf etwas Neues einlassen müssen. Es muss auch eine Entscheidung getroffen werden. Manchmal zeigt sie auch an, dass Sie sich in Ihrem Leben an einem Scheideweg oder in einer Sackgasse befinden. Wenn dies in Ihrer Lesung auftaucht, bedeutet das, dass Sie alle Ihre Optionen sorgfältig abwägen müssen, bevor Sie weitermachen. Wenn Sie das nicht tun, könnten Sie es später sehr bereuen. Sie müssen alle Auswirkungen Ihrer Entscheidung oder Handlung verstehen, bevor Sie einen Schritt nach vorne machen.

Umgedrehte Position

Dies deutet darauf hin, dass Sie im Moment bei einer Entscheidung feststecken und einen kleinen Schubs in die richtige Richtung brauchen, um Ihr Ziel zu erreichen.

Drei der Stäbe

Aufrechte Position

Diese Karte zeigt an, dass Sie bereits über ein inneres Gleichgewicht verfügen, das es Ihnen erlaubt, die Gewässer zu testen, bevor Sie ins kalte Wasser springen. Dies bedeutet auch, dass Sie in der Lage sind, kalkulierte Risiken einzugehen und hochgesteckte Ziele zu erreichen. In einer Lesung fordert diese Karte Sie auf, sich umzuschauen und die Augen für Möglichkeiten und Chancen offen zu halten, die Sie normalerweise übersehen würden.

Umgedrehte Position

Andererseits zeigt diese Karte bei manchen Menschen auch einen vorübergehenden Mangel an Willenskraft an. Vielleicht haben Sie bereits das Stadium des Burnouts erreicht.

Vier der Stäbe

Aufrechte Position

Diese Karte steht normalerweise für Teamarbeit. Sie deutet auf das Legen eines Grundsteins hin, in Harmonie und gemeinsam mit anderen Menschen. Sie steht für eine Hausrenovierung, eine Ehe, eine Beziehung, ein großes Projekt usw. Wenn diese Karte in Ihrer Lesung aufgedeckt wird, werden Existenzgründungen und unternehmerische Unternehmungen empfohlen.

Umgedrehte Position

Eine umgedrehte Position in dieser Karte bedeutet, dass Sie Ihre zwischenmenschlichen Fähigkeiten, Ihre Teamfähigkeit und Ihre Problemlösungskompetenz verbessern müssen. Sie müssen aktiv daran arbeiten, denn wenn Sie das nicht tun, wird es zu Problemen in Ihren Projekten und in Ihrem Leben kommen.

Fünf der Stäbe

Aufrechte Position

Diese Karte steht für Ehrgeiz, Wettbewerb und bis zu einem gewissen Grad sogar für Aggression. Wenn diese Karte in Ihrer Lesung auftaucht, bedeutet das, dass Sie sich einige schwierige Fragen stellen sollten:

Warum kämpfen Sie gerade diesen Kampf? Gegen wen? Was versprechen Sie sich davon? Wenn Ihre Antwort lautet: Persönlicher Gewinn und die Erniedrigung anderer, sollten Sie Ihre Prioritäten überdenken. Gewinnen ist nicht alles im Leben.

Umgedrehte Position

Umgekehrt zeigt diese Karte, dass Sie egoistisch sind und keine freundschaftlichen Bindungen zu anderen aufbauen können. Sie haben große Schwierigkeiten, ein Teamplayer zu sein. Wenn das passiert, müssen Sie sich fragen: Was kann ich tun, um diese Situation zu verbessern? Wie kann ich dafür sorgen, dass sich andere in meiner Nähe wohl fühlen?

Sechs der Stäbe

Aufrechte Position

Dies steht für Anerkennung und Bestätigung für Ihre ernsthaften Bemühungen. Wenn Sie an eine Siegesparade oder eine freudige Feier denken, dann ist das das Bild, das diese Karte zeichnet! Es ist eine Botschaft von oben, die Sie ermutigt, an sich selbst zu glauben, nicht aufzugeben, mit Anmut und Würde zu handeln und das Lob anzunehmen, das Ihnen zuteilwird. Dies ist auch eine Karte, die für Feiern und Entspannung steht.

Umgedrehte Position

Vielleicht ist es Ihnen unangenehm, eine Führungsrolle in der Gemeinschaft zu übernehmen, aber diese Karte zeigt an, dass Sie es tun sollten - wegen der großen Lernerfahrung!

Sieben der Stäbe

Aufrechte Position

Wenn diese Karte in Ihrer Lesung auftaucht, bedeutet das, dass Sie höchstwahrscheinlich in allen Ihren Unternehmungen erfolgreich sein werden. Sie erhalten Anerkennung für Ihre Talente und Errungenschaften. Allerdings müssen Sie sich auch vor den Fallstricken des Ruhmes hüten. Sie können es sich nicht leisten, selbstgefällig und stolz zu sein. Genießen Sie auf jeden Fall Ihren Erfolg, aber lassen Sie sich nicht von der hässlichen Überheblichkeit vereinnahmen.

Umgedrehte Position

Diese Karte zeigt einen Mangel an Motivation, Selbstwertgefühl und Druck an. Vielleicht müssen Sie herausfinden, warum Sie sich gerade gegen die Faktoren wehren, die Sie erfolgreich machen werden. Seien

Sie ehrlich zu sich selbst, das wird Ihnen helfen. Finden Sie heraus, was Sie zurückhält und bekämpfen Sie es.

Acht der Stäbe

Aufrechte Position

Die Ereignisse und Dinge in Ihrem Leben bewegen sich jetzt in rasantem Tempo. Diese Karte deutet auf Veränderungen hin und darauf, dass Veränderungen für die Entwicklung der Menschen notwendig sind. Die Dinge scheinen außer Kontrolle geraten zu sein, aber verschwenden Sie nicht Ihre Zeit und Energie damit, zu versuchen, sie festzulegen. Lassen Sie sich auf die Veränderung ein, und Sie werden überrascht sein, welche neue Wendung Ihr Leben nimmt!

Umgedrehte Position

Wenn diese Karte in Ihrer Lesung auftaucht, bedeutet das in der Regel, dass in Ihrem Leben eine Menge Veränderungen bevorstehen. Sie können nicht davon ausgehen, dass alles in Ordnung ist und so weitergeht wie bisher. Sie müssen diese Veränderungen akzeptieren und anerkennen, wenn Sie Ihre Ziele erreichen wollen. Andernfalls werden Sie in einem Trott feststecken.

Neun der Stäbe

Aufrechte Position

Dies zeigt, dass Sie sich ausruhen, erholen und Ihre Energie wiederherstellen müssen. Treten Sie zurück und lassen Sie zur Abwechslung einmal andere den Helden spielen. Sie sind genauso fähig wie Sie, Herausforderungen zu meistern und sich der Situation zu stellen. Überlassen Sie es ihnen, eine Weile im Rampenlicht zu stehen. Helfen Sie anderen, die Sie gerade jetzt brauchen. Wenn Sie diese Karte sehen, stellt sie jemanden dar, der zu erschöpft ist, um zu arbeiten, aber gleichzeitig zu stolz, um andere um Hilfe zu bitten. Seien Sie nicht diese Person, sondern lassen Sie sich zur Abwechslung einmal von anderen helfen.

Umgedrehte Position

Sie müssen eine neue Perspektive für etwas suchen, das Sie beschäftigt, oder für etwas, an dem Sie gearbeitet haben, oder sogar für eine völlig andere Sichtweise des Lebens. Seien Sie sich selbst treu.

Zehn der Stäbe
Aufrechte Position

Im Gegensatz dazu geht es bei dieser Karte um Energie und Aktion. Es gibt keine Zeit zum Ausruhen! Sie müssen weitermachen und das Projekt oder Ereignis bis zum Ende durchziehen. Selbst wenn das bedeutet, dass Sie das, was Sie gerne tun, aufgeben müssen, müssen Sie Ihre Aufgabe zu Ende bringen. In weiser Voraussicht erinnert Sie diese Karte daran, sich immer nur einer Sache zu widmen - Multitasking ist hier nicht angezeigt, denn diese Karte steht für totales und unermüdliches Engagement.

Umgedrehte Position

Dies zeigt an, dass Sie vielleicht Ihren Sinn für Orientierung und Perspektive im Leben verloren haben. Sie sind nicht objektiv genug, um zu erkennen, was Sie falsch machen. Wenn diese Karte erscheint, müssen Sie einen Schritt zurücktreten und Ihr Leben neu bewerten. Erinnern Sie sich daran, warum Sie tun, was Sie tun. Das könnte Ihnen eine klarere Perspektive geben.

Bube der Stäbe
Aufrechte Position

Dies deutet auf jemanden hin, der von Natur aus ein Nonkonformist und ein unabhängiger und einsamer Mensch ist. Er oder sie ist ein Erneuerer oder ein Rebell. Diese Karte steht für Freiheit, Macht, Leidenschaft und Entwicklung. Dies ist eine aufregende Karte, denn sie zeigt die Interessen und Leidenschaften der betreffenden Person an. Auch wenn die Person einfach zu sein scheint, besitzt sie die Qualitäten einer großen Führungspersönlichkeit.

Umgedrehte Position

Sie machen sich vielleicht Gedanken darüber, wie Ihr Image in der Gesellschaft ist. In der Öffentlichkeit zeigen Sie sich immer von Ihrer besten Seite und machen sich privat Gedanken darüber.

Ritter der Stäbe
Aufrechte Position

Sie sind eine temperamentvolle Person, die sich leicht provozieren lässt. Diese Karte in Ihrer Lesung erinnert Sie daran, dass Sie Ihr Temperament und Ihre Einstellung im Zaum halten müssen. Sicher, Sie können heftig sein, aber achten Sie darauf, dass diese Heftigkeit nicht die Oberhand gewinnt!

Umgedrehte Position

Diese Karte zeigt an, dass die Person eine Veränderung und einen Wandel in sich selbst oder in der Situation um sie herum anstrebt. Andere mögen das vielleicht nicht so gerne sehen, aber anstatt wütend loszuziehen, wäre es besser, auch deren Standpunkt zu verstehen.

Königin der Stäbe

Aufrechte Position

Diese Person ist eine geborene Führungspersönlichkeit, die gut mit Menschen zusammenarbeitet und dafür sorgt, dass alle zusammenhalten und zusammenarbeiten. Ihre Energie ist ansteckend und mitreißend! Diese Person bringt die Dinge zum Laufen, indem sie die Magie der harmonischen Zusammenarbeit von Menschen nutzt. Solche Menschen sind ausgezeichnete Manager, weil sie genau wissen, wozu ihre Teammitglieder fähig sind, und sie beflügeln sie. Eine andere Seite dieser Person ist, dass Sie bei ihr keine Sympathie gewinnen können. Wenn er feststellt, dass Ihre Rolle vorbei ist und Sie in diesem Umfeld nicht mehr produktiv sein können, wird er Sie ohne Zögern entlassen.

Umgedrehte Position

Wenn diese Karte in einer Lesung auftaucht, bedeutet dies, dass die Person herrisch und kontrollierend sein könnte. Andere in ihrem Umfeld mögen diese Art von Persönlichkeit nicht und rebellieren vielleicht, was noch mehr Schaden anrichtet. Die Lehre daraus ist, anderen Mitspielern zu vertrauen und ihnen Selbstvertrauen zu geben.

König der Stäbe

Aufrechte Position

Diese Karte zeigt an, dass Sie führen wollen, sehr ehrgeizig und praktisch veranlagt sind. Sie stehen im Mittelpunkt der Aufmerksamkeit und lieben es, sich mit Ihren Lieben zu umgeben und sie mit Liebe zu überschütten.

Umgedrehte Position

Diese Karte zeigt eine drohende Gefahr an, wenn Sie hochmütig werden. Sie könnten die Autorität anderer untergraben und versuchen, in jeder Hinsicht Anspruch zu erheben. Nicht jeder mag diese Art der Dominanz. Sie sollten lernen, solche Tendenzen zu zügeln und sie im Keim zu ersticken.

Farbe der Kelche

Diese Karten zeigen an, wie es um Ihre Gefühle und Beziehungen bestellt ist und wie intuitiv Sie mit Ihren Mitmenschen umgehen. Sie befassen sich mit der Führung in Liebe und Romantik, Freundschaft und anderen Partnerschaften.

Ass der Kelche

Aufrechte Position

Dies zeigt eine Hand mit einem Becher, der einen endlosen Vorrat an Flüssigkeit enthält. Es steht für Ihr offenes Herz, das vor Liebe und Fürsorge für andere überquillt. Dies deutet auf die heilenden und lindernden Bereiche Ihres Lebens hin.

Umgedrehte Position

Umgekehrt könnte dies bedeuten, dass Sie Ihren Optimismus verloren haben oder dass es Ihnen an Selbstwertgefühl mangelt. Denken Sie in diesem Fall darüber nach, was Sie zu diesem Gefühl veranlasst. Es könnte sich um äußere oder innere Faktoren handeln. Versuchen Sie, hier weniger zu unternehmen, bis Sie sich sicher sind, was Sie tun.

Zwei der Kelche

Aufrechte Position

Dies bedeutet normalerweise Bindung, Vereinigung, Seelenverwandtschaft, Partnerschaft, Romantik usw. Diese Karte zeigt eine karmische Verbindung zwischen Menschen an, ein tiefes Verständnis. Sie müssen sich auf Ihre Beziehungen konzentrieren und sie zum Funktionieren bringen.

Umgedrehte Position

Dies bedeutet, dass Sie vielleicht zu viel Zeit und Mühe in Ihre Beziehungen stecken. Ihr Gefühl von Identität und Bedeutung kommt von äußeren Faktoren. Sie sollten damit aufhören und stattdessen an Ihrer inneren Bestätigung arbeiten.

Drei der Kelche

Aufrechte Position

Die Drei der Kelche steht für eine Art Übereinkunft, Teamarbeit und Verbundenheit mit anderen in Ihrem Leben. Sie zeigt an, dass Sie von gleichgesinnten Menschen umgeben sind, die auf ein gemeinsames Ziel hinarbeiten. Sie müssen diese Menschen in Ihrem Leben anerkennen und schätzen. Stellen Sie die Verbindung zu ihnen wieder her und stabilisieren Sie sie.

Umgedrehte Position

Dies könnte bedeuten, dass es Ihnen an Vertrauen und Verständnis für die Menschen in Ihrem Leben mangelt. Sie fühlen sich vielleicht ausgegrenzt und fehl am Platz oder nicht mehr synchron. Versuchen Sie, mit ihnen zu kommunizieren und alle Missverständnisse auszuräumen.

Vier der Kelche

Aufrechte Position

Dies ist eine ziemlich entmutigte und unruhige Zeit in Ihrem Leben. Vielleicht sind Sie mit etwas unzufrieden, wollen eine Veränderung oder fühlen sich festgefahren. Diese Karte sagt Ihnen aber auch, dass Sie sich bewusst sein sollten, dass Sie in Ihrer Sorglosigkeit die einfachen Freuden des Lebens, die sich direkt vor Ihnen befinden, verlieren könnten. Sie müssen offen sein und bereit, neue Dinge und Ereignisse in Ihr Leben zu lassen.

Umgedrehte Position

Dies kann sich als passive Aggression Ihrerseits manifestieren. Sie müssen die Symptome erkennen und versuchen, sich von ihnen zu lösen.

Fünf der Kelche

Aufrechte Position

Emotionale Störungen, Trauer, Umwälzungen, Unordnung, Erwartungen usw. werden von dieser Karte angezeigt. Vielleicht sind Sie enttäuscht über ein Ergebnis oder traurig über den Verlust von etwas. Der einzige Weg nach vorne ist, zu vergeben, zu vergessen und von innen heraus zu heilen.

Umgedrehte Position

In einer interessanten Kombination von Faktoren zeigt diese Karte an, dass das, was Sie als das Schlimmste empfinden, was Ihnen passieren könnte, ein Segen sein könnte! Wenn Sie Phobien, Ängste, negative Erfahrungen, Erwartungen usw. haben, hilft Ihnen diese Karte, diese zu verstehen und damit umzugehen.

Sechs der Kelche
Aufrechte Position

Diese Karte steht für Offenheit, Unschuld, Lernen und Optimismus. Sie führt Sie direkt zurück in Ihre Kindheit. Diese Karte sagt Ihnen, dass Sie offen und sorglos wie ein Kind sein und neue Erfahrungen mit einem frischen Geist genießen sollen.

Umgedrehte Position

Sie haben eine wunderbare Chance, vergangene Dinge, Ereignisse und Verletzungen loszulassen und sich auf ein neues Kapitel im Leben zu freuen. Das Wiederaufgreifen alter Wunden wird Ihnen leichter fallen, weil Sie jetzt wissen, wie Sie damit umgehen können.

Sieben der Kelche
Aufrechte Position

Diese Karte hat mit Fantasie zu tun. Sie mögen Ihr jetziges Leben nicht und stellen sich ein anderes Leben vor, in dem alle Ihre Träume wahr geworden sind. Obwohl diese Karte anzeigt, dass Sie Ihr Schicksal ändern können, warnt sie Sie auch davor, die Realität nicht aus den Augen zu verlieren.

Umgedrehte Position

Ihre Ziellosigkeit im Leben hat zu Problemen wie mangelnder Neugierde, Freude, der Fähigkeit zu träumen usw. geführt. Diese Karte ermutigt Sie, sich das alles zurückzuholen. Halten Sie sich nicht mit Ihrem derzeitigen Gemütszustand auf, sondern arbeiten Sie daran, Ihr Mojo zurückzubekommen!

Acht der Kelche
Aufrechte Position

Diese Karte zeigt Verrat, Herzschmerz und emotionale Enttäuschung an. Diese Karte in einer Lesung ist eine Aufforderung an Sie, sich von allem zu trennen, was nicht zu funktionieren scheint, selbst nach vielen Versuchen.

Umgedrehte Position

Ein Ereignis hat Sie vielleicht zurückgeworfen oder verletzt, aber Sie weigern sich, Ihr Leben davon beeinflussen zu lassen. Ihre Unverwüstlichkeit und Ihre gelassene Haltung werden Ihnen auf jeden Fall aus dieser Situation heraushelfen.

Neun der Kelche

Aufrechte Position

Die Karte der Freude steht für Erfüllung und Genugtuung. Sie ist auch als Wunschkarte bekannt. Sie wissen, dass die Dinge besser werden, wenn Sie diese Karte in einer Lesung erhalten.

Umgedrehte Position

Überraschenderweise bedeutet dies, dass Sie das bekommen, von dem Sie dachten, dass es das Richtige für Sie ist, aber letztendlich ist das überhaupt nicht der Fall. Normalerweise bedeutet dies, dass Ihr Traum Sie nicht so glücklich macht, wie er sollte, und dass es vielleicht an der Zeit ist, sich ein neues Ziel zu setzen.

Zehn der Kelche

Aufrechte Position

Dies ist eine der fröhlichsten Karten, die Sie je bekommen können, denn sie steht für Zusammengehörigkeit, Familie und Feste!

Umgedrehte Position

Umgekehrt zeigt diese Karte an, dass Harmonie und Zusammengehörigkeit in einer Gruppe oder Familie langsam abnehmen. Es gibt Urteile und Kritik. Der einzige Ausweg ist Kommunikation und Meditation.

Bube der Kelche

Aufrechte Position

Dies deutet auf eine sehr phantasievolle, idealistische, offene, junge, mystische und sensible Person hin. Wenn dies in Ihrer Lesung auftaucht, stehen Sie vielleicht am Anfang einer Beziehung oder einer neuen beruflichen Tätigkeit.

Umgedrehte Position

Dies deutet darauf hin, dass die Menschen in Ihrer Umgebung Sie schon seit einiger Zeit verwöhnen, obwohl sie das nicht müssen. Versuchen Sie, sich ihnen nicht aufzudrängen, sondern kontaktieren Sie sie, kommunizieren Sie mit ihnen und nehmen Sie Rücksicht auf ihre Bedürfnisse.

Ritter der Kelche

Aufrechte Position

Die Person ist sehr gebildet, charmant und ein gewandter Redner. Sie lernen hier, Ihre innere und äußere Welt, Ihre Träume und Realitäten sowie praktische Aspekte und Gedanken in Einklang zu bringen. Große emotionale Erfüllung ist hier angezeigt.

Umgedrehte Position

Diese Person sucht ständig nach Ausreden und gibt anderen die Schuld für die Dinge, die in ihrem Leben schieflaufen. Es ist eine Aufforderung, die Verantwortung für Ihr Handeln zu übernehmen. Diese Karte bietet Ihnen auf diese Weise auch eine wichtige Lebenslektion.

Königin der Kelche

Aufrechte Position

Diese Person ist sehr ausgeglichen, intuitiv und stabil. Er oder sie steht in einer tiefen Beziehung zu anderen. Diese Karte erinnert Sie daran, Ihrem inneren Selbst zu vertrauen.

Umgedrehte Position

Diese Karte zeigt an, dass Sie Ihren Schmerz blockieren, indem Sie sich nicht mit ihm auseinandersetzen. Das ist nicht die Lösung. Sie müssen ehrlich zu sich selbst sein und sich mit dem Schmerz auseinandersetzen. Das ist der einzige Weg zur Heilung.

König der Kelche

Aufrechte Position

Diese Person ist ausgeglichen, intensiv und intuitiv. Diese Karte legt Ihnen nahe, tief in sich zu gehen, um das Wie und Warum Ihrer Beziehungen zu anderen Menschen herauszufinden.

Umgedrehte Position

Diese Karte zeigt an, dass Sie vielleicht auf jemanden wütend sind oder einen Groll hegen. Lernen Sie, das Unrecht und den Schmerz, den die Person verursacht hat, einzugestehen und ihr zu vergeben.

Die Farbe der Schwerter

Diese Karten stehen für Herausforderungen, Konflikte und wie Sie diese überwinden. Sie korrespondieren mit dem Element Luft. Sie haben eine tiefe Verbindung zu Wahrheit und Vernunft und werden daher mit Fairness und Gerechtigkeit in Verbindung gebracht.

As der Schwerter

Aufrechte Position

Es steht für Ihre Vision im Leben, Ihren Optimismus, Ihr Führungslicht und Ihre Hoffnung. Wenn es auftaucht, bedeutet das, dass Sie etwas Neues beginnen. Sie brauchen etwas Klarheit, um mit der Aufgabe fortzufahren.

Umgedrehte Position

Es könnte bedeuten, dass Sie Ihre Sicht vernebeln und die Sache, um die es geht, nicht klar sehen. Das könnte auf Ihre Illusionen oder Vorurteile zurückzuführen sein. Sie müssen Ihre Sichtweise überdenken, bevor Sie weitermachen.

Zwei der Schwerter

Aufrechte Position

Dies zeigt an, dass Sie zwei widersprüchliche Ideen haben, die Sie prüfen müssen, bevor Sie sich für eine Sache entscheiden. Sie sind unsicher, welchen Weg Sie einschlagen sollen.

Umgedrehte Position

Diese Karte könnte bedeuten, dass Sie zwar durchaus vorankommen können, es aber manchmal besser ist, sich mit anderen Menschen zu besprechen, bevor Sie sich für etwas entscheiden. Nehmen Sie mehr Input und Feedback an.

Drei der Schwerter

Aufrechte Position

Sie kennen diese Karte vielleicht sehr gut. Sie steht für Kummer, Unglück oder Trennung. Sie zeigt in der Regel an, dass traurige Zeiten bevorstehen oder dass Sie bereits über etwas trauern. Obwohl diese Karte schmerzhaft und traurig ist, lehrt sie Sie auch, Schmerz zu erfahren, ihn zu überwinden und gestärkt daraus hervorzugehen.

Umgedrehte Position

Dies deutet darauf hin, dass sich ein Teil der Traurigkeit in Ihrem Leben auflösen könnte und dass Besserung in Sicht ist. Die Lösung von Konflikten scheint das Hauptthema dieser Karte zu sein.

Vier der Schwerter

Aufrechte Position

Wenn diese Karte in Ihrer Lesung auftaucht, bedeutet das, dass Sie sich eine Auszeit gönnen müssen, sich vielleicht für eine Weile an einen sicheren und entspannten Ort zurückziehen. Wenn Sie das nicht tun, werden Sie ausbrennen. Sie brauchen diese Ruhe.

Umgedrehte Position

Wenn Sie lange Zeit Single, einsam und zurückgezogen waren, ist es jetzt an der Zeit, in die soziale Welt einzutreten. Sie sollten ein Gleichgewicht zwischen Einsamkeit und zwischenmenschlichen Beziehungen finden. Diese Karte lehrt Sie, sozial und emotional ausgeglichen zu sein.

Fünf der Schwerter

Aufrechte Position

Diese Karte steht für Spannung, Konflikt, Aggression, Angst und Verlust. Sie müssen abwägen, welche Art von Kämpfen Sie in Ihrem Leben führen, gegen wen und wie klug oder unklug diese sind. Sie müssen auf jeden Fall erst einmal nachdenken, bevor Sie in Aktion treten.

Umgedrehte Position

Sie beginnen, Erfolg und Misserfolg zu akzeptieren. Sie gewinnen eine gewisse Kontrolle über Ihre Aggressionen und haben auch gelernt, Kritik mit Vorsicht zu genießen.

Sechs der Schwerter

Aufrechte Position

Dies ist eine heikle Karte. Wenn Sie diese Karte in einer Lesung erhalten, könnte das bedeuten, dass Sie versuchen, sich aus einer schwierigen Situation zu befreien, die sich einerseits belastend anfühlt, vor der Sie andererseits aber auch Angst haben, sie hinter sich zu lassen. Vielleicht haben Sie Angst vor dem, was vor Ihnen liegt, aber Sie vertrauen sich selbst und gehen trotzdem. Sie werden später die Früchte dafür ernten.

Umgedrehte Position

Diese Karte fordert Sie auf, Ihr Gehirn voll einzusetzen - Logik, Denken, Argumentation und Analyse; alles muss von Ihnen genutzt werden. Irgendwie tun Sie das nicht, was zu Apathie und Einschränkungen Ihrer Fähigkeiten führt.

Sieben der Schwerter
Aufrechte Position

Diese Karte zeigt Verrat und Täuschung an. Vielleicht gibt es jemanden in Ihrem Leben, der nicht der ist, der er zu sein scheint. Hüten Sie sich vor solchen Menschen. Diese Karte sagt Ihnen auch, dass es besser ist, clever zu arbeiten als hart zu arbeiten. Sie werden nicht nur Zeit sparen, sondern auch neue Fähigkeiten erlernen.

Umgedrehte Position

Diese Karte deutet darauf hin, dass es in Ihrem Leben Rückschläge geben wird, trotz Ihrer engagierten Bemühungen. Die Lektion ist, sich davon nicht beirren zu lassen und sich nicht die Schuld zu geben.

Acht der Schwerter
Aufrechte Position

Wenn Sie diese Karte in Ihrer Lesung sehen, bedeutet das, dass Sie irgendwo feststecken, vielleicht an etwas gebunden sind. Vielleicht haben Sie sich auch in Ihren Begrenzungen und Annahmen gefangen. Sie müssen sich befreien, indem Sie Ihren Geist und sich selbst für neue Möglichkeiten öffnen.

Umgedrehte Position

Sie neigen dazu, anderen die Schuld für Ihre Probleme zu geben, oder Sie rationalisieren Ihre Niederlage auf irgendeine Weise, anstatt für sich selbst die Verantwortung zu übernehmen. Sie müssen sich Ihrem Inneren stellen und ehrlich sein, wenn Sie Fortschritte machen wollen.

Neun der Schwerter
Aufrechte Position

Diese Karte steht für Kontrollverlust, Ängste und Befürchtungen. Aber sehen Sie es sich genau an, denn all dieser Stress ist selbstverschuldet. Sie müssen die Sorgen und den Stress abbauen, indem Sie negative Gedanken ausschalten.

Umgedrehte Position

Dies bedeutet in der Regel eine Chance, Negativität und Depression aus Ihrem Leben zu verbannen. Sie sind jetzt bereit, das Licht anzunehmen und die Dunkelheit hinter sich zu lassen.

Zehn der Schwerter
Aufrechte Position

Bei dieser Karte dreht sich alles um Endgültigkeit und Grenzen. Wenn diese Karte in einer Lesung auftaucht, bedeutet dies, dass das, woran Sie gearbeitet haben, oder eine Beziehung, an der Sie festgehalten haben, nun ihr natürliches Ende erreicht hat und es Zeit ist, loszulassen.

Umgedrehte Position

Sie brauchen jetzt einen Realitätscheck. Vielleicht haben Sie begonnen, Ihre Probleme und Irrtümer zu rechtfertigen und zu dramatisieren, um Sympathien zu gewinnen. Sie müssen aus dem Traumzustand erwachen und die Verantwortung für Ihr Handeln übernehmen.

Bube der Schwerter
Aufrechte Position

Diese Karte in Ihrer Lesung mahnt Sie, einen Gang zurückzuschalten und sich die Fakten anzusehen, bevor Sie Ihre Pläne überstürzt in die Tat umsetzen. Enthusiasmus ist großartig, aber falsch verstandener Enthusiasmus wird Ihnen Schwierigkeiten bereiten. Sie sollten sich auch vor Menschen mit Hintergedanken in Acht nehmen.

Umgedrehte Position

Sie neigen dazu, andere über ihre Fehler zu belehren, oder Sie sind vielleicht sehr voreingenommen. Sie müssen einige Ihrer kritischen Tendenzen zügeln, wenn Sie mit anderen zusammenarbeiten wollen.

Ritter der Schwerter
Aufrechte Position

Diese Karte zeigt an, dass Sie vor Tatendrang platzen. Sie müssen sich jedoch fragen, wohin genau Sie gehen, welche Absichten Sie haben und wie Sie mit Erfolg und Misserfolg umgehen werden. Es besteht die Gefahr, dass Sie voreilige Schlüsse ziehen und nicht nachdenken, bevor Sie handeln.

Umgedrehte Position

Diese etwas unglückliche Karte deutet darauf hin, dass Sie Konflikte vermeiden könnten, indem Sie sich aus schwierigen Situationen herausreden. Sie könnten auch zu viele Zusagen machen und zu wenig liefern und Versprechungen machen, die Sie nicht halten können. Überwinden Sie diese Situationen, indem Sie ehrlich zu sich selbst sind.

Königin der Schwerter

Aufrechte Position

Diese Person ist ehrlich, weise, unabhängig und allgemein selbstbewusst. Es ist eine Botschaft, für sich selbst und Ihre Rechte einzustehen und zu kämpfen. Lassen Sie sich von nichts und niemandem zu irgendetwas überreden, was Sie nicht sind.

Umgedrehte Position

Es kann sein, dass Sie Ihre tiefsten Gefühle für etwas oder jemanden nicht anerkennen. Aber Sie müssen sie akzeptieren, wenn Sie eine Isolation vermeiden wollen. Bringen Sie Ihr natürliches Mitgefühl zum Vorschein, indem Sie offen sind und geliebten Menschen helfen.

König der Schwerter

Aufrechte Position

Diese Karte steht für Wahrheit, Freude, Intelligenz, Offenheit und Weisheit. Möglicherweise befinden Sie sich in einer Position im Leben, in der andere zu Ihnen aufschauen, wenn es um Führung und Wahrheit geht. Sie sind stark und äußerst zufrieden mit sich selbst.

Umgedrehte Position

Leider deutet diese Karte darauf hin, dass Sie für Gewissen und Integrität unempfänglich sind. Etwas weniger Edles hat dessen Platz eingenommen. Fordern Sie sich selbst auf, Ihre innere Güte zu erwecken, bevor es zu spät ist.

Die Farbe der Münzen

Diese Karten stehen im Zusammenhang mit Arbeit, Karriere, Geld, Gesundheit und Familie. Sie werden hauptsächlich verwendet, um Fragen zu diesen Aspekten zu beantworten und mehr über Ihre Persönlichkeit und Ihre Verbindungen zu jedem dieser Bereiche zu erfahren.

As der Münzen

Aufrechte Position

Es steht für den ersten Schritt, den Sie in Richtung Ihres Ziels machen, für die Unterstützung, die Sie erhalten, und für die Erfüllung. Es hat eine tiefe Verbindung zur Erde. Es sagt Ihnen, dass Sie exponentiell wachsen können, wenn Sie Ihre Talente und Ihr Handwerk verfeinern und verbessern. Die Karte suggeriert, dass Sie gewinnen und

Ihre Gefühle kontrollieren können.

Umgedrehte Position

Sie müssen sich wieder mit sich selbst und den Werten, die Sie schätzen, verbinden. Sie müssen in sich selbst schauen, um zu verstehen, was Sie antreibt. Wenn Sie das nicht tun, wird Ihnen der Erfolg nicht leichtfallen.

Zwei der Münzen

Aufrechte Position

Dies wird normalerweise durch die Figur eines Jongleurs dargestellt, bei der zwei Münzen um die Figur herumschwirren und nicht wissen, wohin sie gehen müssen. Wenn diese Karte in Ihrer Lesung auftaucht, bedeutet das, dass in Ihrem Leben einige Veränderungen anstehen, und Sie müssen die Geduld haben, diese zu erkennen und zu verstehen. Solange Sie das nicht tun, werden Sie immer in Aufruhr sein.

Umgedrehte Position

Vielleicht müssen Sie sich von bestimmten Denkmustern trennen. Zum Beispiel könnten Sie bei einem Thema, bei dem Sie eigentlich von einer neutralen Haltung profitieren könnten, zu voreingenommen sein. Wenn es darum geht, anderen zu helfen, müssen Sie jedoch die Verantwortung übernehmen und proaktiv handeln.

Drei der Münzen

Aufrechte Position

Diese Karte kann als die Karte des Genies bezeichnet werden. Meistens deutet sie auf einen Meister der Arbeit, der Kreativität und der Erfüllung hin. Konzentrieren Sie sich auf Ihre Aufgabe und bringen Sie sie zu Ende. Sie deutet auch auf Zusammenarbeit und Verbesserung der Aufgabe hin.

Umgedrehte Position

Vielleicht haben Sie Angst davor, Ihre Gaben und Talente mit der Außenwelt zu teilen, weil Sie sich vor den Kommentaren und Reaktionen anderer fürchten. Vielleicht denken Sie, dass es sich nicht lohnt, das alles zu tun. Bitte bedenken Sie, dass nur wenige Menschen die Gabe haben, ein Genie zu sein. Versuchen Sie, die göttliche Inspiration zu verbreiten.

Vier der Münzen
Aufrechte Position

Dies ist die Karte des klassischen Zwiespalts. Sie haben materielle Annehmlichkeiten und sind völlig abgesichert, aber damit einhergeht die gefürchtete Verantwortung. In Ihrer Lesung ist diese Karte eine Botschaft an Sie, eine rationale Entscheidung zu treffen und Ihren Reichtum nicht zu verschwenden - weder geistig noch materiell. Vielleicht halten Sie sich an etwas fest. Vielleicht ist es an der Zeit, es loszulassen und zu entdecken, was Zufriedenheit wirklich bedeutet.

Umgedrehte Position

Diese Karte zeigt an, dass Sie sich durch Groll und eine anmaßende Haltung daran hindern lassen, Ihre Ziele zu erreichen. Vielleicht machen Sie sich über etwas Sorgen, oder eine Aufgabe läuft nicht nach Ihren Vorstellungen. Aber das liegt hauptsächlich an Ihrer Einstellung. Ändern Sie diese, und die Welt verändert sich!

Fünf der Münzen
Aufrechte Position

Diese Karte deutet darauf hin, dass Sie nachdenken sollten, bevor Sie sich Ziele setzen, insbesondere wenn es um kurzfristige oder vorübergehende Gewinne geht. Sie werden mit Sicherheit Groll und Ärger empfinden, wenn Ihre kurzfristigen Ziele nicht erreicht werden. Diese Karte erinnert Sie daran, dass es außer Geld noch andere ungeahnte Reichtümer um Sie herum gibt. Lassen Sie Ihr Leben nicht vom Geld bestimmen. Es steckt mehr dahinter, als Sie ahnen.

Umgedrehte Position

Dies zeigt an, dass Sie vielleicht ehrlicher zu sich selbst sein müssen. Sie machen sich selbst etwas vor oder versuchen, die Augen vor Ihrer Wahrheit zu verschließen. Anstatt von möglichen Gewinnen und Reichtümern zu träumen, sollten Sie sich mit sich selbst auseinandersetzen und herausfinden, was Sie wollen.

Die Sechs der Münzen
Aufrechte Position

Bei dieser Karte dreht sich alles um das Geben und Empfangen von Großzügigkeit, Wissen und Unterstützung für andere. Wenn diese Karte in Ihrer Lesung auftaucht, ist es an der Zeit, dass Sie eher geben als nehmen. Sie müssen die Freundlichkeit und Großzügigkeit zurückzahlen und jemand anderem helfen. Dadurch wird der karmische

Kreislauf von Kontrolle und Gleichgewicht aufrechterhalten.

Umgedrehte Position

Umgekehrt könnte es bedeuten, dass Sie sich auf die Idee konzentrieren, etwas zurückzubekommen - sowohl im wörtlichen als auch im übertragenen Sinne. Ihre Vorstellung von Rache ist jetzt alles verzehrend. Das ist Ihnen wichtiger geworden als das tatsächliche Geben, was sich auch auf Ihr Karma auswirken kann.

Sieben der Münzen

Aufrechte Position

Traditionell bedeutet diese Karte etwas kultivieren. Wenn diese Karte in Ihrer Lesung auftaucht, sagt sie Ihnen, dass Sie in Ihrem Leben besonders wachsam sein müssen - in Bezug auf Ihre Projekte, Ihre Karriere, Ihr Zuhause, Ihre Beziehungen oder Ihre Familie - um Ihr Ziel zu erreichen. Sie dürfen sich keine Ausreden erlauben. Konzentrieren Sie sich und steuern Sie auf die Ziellinie zu.

Umgedrehte Position

Dies deutet darauf hin, dass Sie gerne Risiken eingehen und Ihr Leben aufs Spiel setzen. Sie haben irgendwie die Orientierung und den Weg in der Welt verloren und sind bereit, alles zu riskieren, was Sie haben, um eine neue Chance zu bekommen. Hüten Sie sich vor solchen Aktionen. Versuchen Sie zu diesem Zeitpunkt nichts Unüberlegtes.

Acht der Münzen

Aufrechte Position

Diese Karte ermutigt Sie dazu, mehr Energie zu investieren, das Leben aus einer neuen Perspektive zu betrachten und ein Gleichgewicht zu schaffen. Bei dieser Karte geht es darum, hart zu arbeiten und neue Wege auszuprobieren, um sich selbst zu verbessern. Ja, es besteht die Versuchung, ein Workaholic zu werden, der Sie Einhalt gebieten müssen. Sie fangen an, sich für unentbehrlich zu halten, während die Realität ganz anders aussieht. Schaffen Sie ein Gleichgewicht.

Umgedrehte Position

Ihre Arbeit beginnt, einen großen Teil Ihrer Identität einzunehmen und greift auf jeden anderen Aspekt Ihres Lebens über. Das ist nicht gesund, und Sie müssen sich auch für andere Aspekte Zeit nehmen. Arbeit ist Arbeit, nicht Leben.

Neun der Münzen

Aufrechte Position

Diese Karte zeigt Ihnen an, dass Sie einen Gang zurückschalten und prüfen sollten, ob Sie zu viel arbeiten und dies nicht mit anderen Aspekten Ihres Lebens in Einklang bringen. Diese Karte steht für Geld, finanzielle Stabilität und Unabhängigkeit. Es ist wichtig, dass Sie Ihre finanziellen Bedürfnisse mit anderen Lebenswünschen in Einklang bringen.

Umgedrehte Position

Sie sind möglicherweise im Verwöhnmodus. Sie fühlen sich lethargisch und apathisch gegenüber Ihrer Lebenssituation und den Ereignissen. Diese Karte deutet darauf hin, dass ein Schub an äußerer Energie auf Sie zukommt, der Sie in die richtige Richtung anspornt!

Zehn der Münzen

Aufrechte Position

Diese Karte steht für die Bündelung vieler Anstrengungen, um Ihre Ziele zu erreichen - sei es ein Haus, ein Auto, eine neue Beförderung oder mehr Geld. Diese Karte steht auch für glückliche und enge Familien, Wissen, Annehmlichkeiten und langfristiges Denken.

Umgedrehte Position

Vielleicht müssen Sie noch einmal ganz von vorne anfangen, nachdem Sie in bestimmten Lebensbereichen Verluste erlitten haben. Das mag zwar mühsam erscheinen, aber ein Neuanfang kann auch ein Segen sein!

Bube der Münzen

Aufrechte Position

Diese Karte zeigt jemanden an, der lernen, experimentieren, forschen, aus seinen Fehlern lernen, an seinen Erfahrungen wachsen und lernen will, mit Misserfolgen umzugehen. Eine sehr wichtige Karte!

Umgedrehte Position

Dies deutet darauf hin, dass Sie vielleicht an Ihren Fähigkeiten und Talenten zweifeln. Sie sind unsicher, ob Sie der Gesellschaft einen Dienst erweisen können. Es kann auch bedeuten, dass Sie nicht gerne in diesem Ausmaß gesellig sind - aber versuchen Sie es trotzdem, es schadet ja nichts. Auf diese Weise können Sie mehr Disziplin kultivieren.

Ritter der Münzen

Aufrechte Position

Diese Karte vermittelt Ihnen die Botschaft, dass Sie geduldig, methodisch, engagiert und beharrlich in Ihren Bemühungen sein müssen. Dies ist die friedlichste Karte im ganzen Deck. Sie müssen das große Ganze sehen und die kleinen Irrtümer auf Ihrem Weg ignorieren. Sicherlich wird die Arbeit nicht immer Ihren Ansprüchen genügen, aber in jeder Art von Arbeit stecken Würde und Anmut. Die Belohnungen werden sicherlich folgen.

Umgedrehte Position

Im Leben werden Sie auf bestimmte Menschen treffen, die Sie oder Ihren Wert nicht zu schätzen wissen. Diese Karte rät Ihnen, diese Menschen einfach zu ignorieren. Konzentrieren Sie stattdessen Ihre Energie und Zeit auf diejenigen, die Sie lieben und schätzen.

Königin der Münzen

Aufrechte Position

Diese Karte steht für Heilung, Erziehung, Problemlösung, Ermutigung und Mitgefühl. Wenn diese Karte in einer Lesung auftaucht, bedeutet das, dass Sie sich um sich selbst kümmern und darauf hinarbeiten müssen, sich und Ihren Lieben ein angenehmes und nährendes Umfeld zu schaffen.

Umgedrehte Position

Dies ist eine Warnung davor, sich zu sehr an etwas oder jemanden zu binden. Vielleicht waren Sie in Ihrem Leben schon einmal von etwas oder jemandem abhängig, mit negativem Ausgang. Diese Karte fordert Sie auf, sich von dieser Gewohnheit zu befreien.

König der Münzen

Aufrechte Position

Bei dieser Karte dreht sich alles um Errungenschaften, finanzielle Macht, Respekt und Kraft. Diese Karte steht auch für die Verwirklichung Ihrer langfristigen Ziele. Wenn diese Karte in Ihrer Lesung auftaucht, lautet die Botschaft, dass Sie noch methodischer arbeiten sollten, damit Ihre Gewinne höher ausfallen. Nicht nur in materieller Hinsicht, sondern auch in geistiger.

Umgedrehte Position

Dies deutet darauf hin, dass Sie im Laufe der Zeit vielleicht etwas egozentrisch geworden sind. Jetzt ist es an der Zeit, zur Selbstdisziplin zurückzukehren und Ihre Wünsche zu kontrollieren und Ihre Fähigkeiten zu formen. Nehmen Sie sich nicht mehr vor, als Sie schaffen können.

In diesem und dem vorangegangenen Kapitel haben Sie alle Karten des Großen und Kleinen Arkanas aus dem Tarot kennengelernt. Im nächsten Kapitel werden Sie sich mit den Arten von Legesystemen befassen und erfahren, wie Sie diese lesen und interpretieren können.

Kapitel Elf: Tarot-Lesung III: Legesysteme und Deutungen

Jetzt, da Sie die Karten des Großen und des Kleinen Arkanas einigermaßen verstanden haben, können Sie mit Ihrer eigenen Lesung beginnen. Sie können ein Kartenset kaufen oder es sich von jemandem schenken lassen!

Bevor Sie sich in eine Lesung stürzen, sollten Sie sich fragen: Warum stelle ich dem Tarot diese Frage? Sie müssen zuerst Ihre wahren Absichten herausfinden, denn das Universum weiß alles. Sie können es nicht täuschen. Ein einfaches Ja und Nein als Antwort mag für Anfänger nützlich sein, aber es wird nicht die tiefsten Anliegen Ihres Herzens beantworten. Bei Ja/Nein-Fragen sind Sie vielleicht mit einem Pendel besser dran.

Tarot-Karten sind speziell entwickelt worden. Jede Karte enthält ihre eigene Interpretation, und wenn sie mit anderen Karten kombiniert werden, offenbaren sie eine Fülle von Informationen und Hinweisen, denen Sie folgen können. Nutzen Sie diese den Karten innewohnende Eigenschaft und stellen Sie tiefgründige und aufschlussreiche Fragen.

Hier sind einige der beliebtesten Tarot-Legesysteme und -Layouts, die Sie auswählen und ausprobieren können.

Das Legesystem mit einer Karte

Dieses Legesystem ist die einfachste Lesung von allen. Es ist genauso wichtig wie die anderen und wird normalerweise von Anfängern bevorzugt. Für diese Lesung müssen Sie Ihr Deck mischen und eine Karte auswählen. Diese Karte steht für eine Frage, die Sie schon seit langem im Kopf haben und auf die Sie eine Antwort suchen. Für mehr Klarheit empfiehlt es sich, dies jeden Tag zu tun und die Karten immer neu zu mischen.

Legung mit drei Karten

Die nächste Variante ist das Legen von drei Karten. Nachdem Sie das Deck gemischt haben, nehmen Sie nacheinander drei Karten heraus und legen sie vor sich hin. In einer einfachen Lesung würde dies Ihre Vergangenheit, Gegenwart und Zukunft bedeuten. Die erste Karte steht für alle Elemente und Einflüsse, die Ihre Vergangenheit auf Ihre Gegenwart gehabt hat. Die zweite Karte bezieht sich auf Ihre Gegenwart - Ihre aktuelle Situation und Stimmung. Die dritte Karte zeigt Ihnen nicht die Zukunft, sondern gibt Ihnen Hinweise darauf, was Sie tun müssen, um Negatives loszulassen und Ihre Lebensziele zu erreichen.

Dieses Legesystem kann auch auf folgende Weise interpretiert werden:

Anstelle von Vergangenheit, Gegenwart und Zukunft können die Variablen auch lauten:

- Set Eins - Körper, Geist, Seele
- Set Zwei - Unterbewusstsein, Bewusstsein, Überbewusstsein
- Set Drei - Inneres Wesen, Bedürfnisse, Methoden

Die keltische Kreuzlegung

Dieses Legesystem kann als das detaillierteste und analytischste der Tarot-Legesysteme angesehen werden. Da es in seiner Anordnung und Interpretation etwas komplex ist, kann dieses Legesystem für Anfänger einschüchternd wirken. Sobald Sie sich jedoch daran gewöhnt haben, werden Sie es lieben!

Nachdem Sie die Karten gemischt haben, legen Sie die erste Karte auf den Tisch. Sie repräsentiert Sie oder die Situation, um die es geht. Die zweite Karte wird gegenüber der ersten Karte abgelegt. Diese Karte zeigt das Problem oder Hindernis, vor dem Sie stehen. Die dritte, vierte, fünfte und sechste Karte werden um die ersten beiden herum angeordnet, wobei die drei und die fünf direkt darunter und darüber und die vier und die sechs links und rechts davon liegen.

Drei steht für die Situation selbst - ihre Grundlage und wie Sie in sie hineingeraten sind. Vier steht für die Ereignisse und den mentalen Zustand in der Vergangenheit, die zu der gegenwärtigen Situation geführt haben. Fünf steht für die Gegenwart. Sechs zeigt an, was in der nahen Zukunft passieren kann.

Die nächsten vier Karten sind in einer vertikalen Spalte angeordnet, wobei die siebte Karte unten und die zehnte oben liegt. Sieben steht für die Fähigkeiten, Talente und Fertigkeiten, die Sie besitzen, um mit Ihrer Situation umzugehen. Acht steht für die Menschen in Ihrem Leben und den Einfluss, den sie auf Ihre Entscheidungen und Gefühle haben. Neun steht für Ihre Ängste und Befürchtungen und zeigt Ihnen auch Ihre Hoffnungen und Wünsche. Zehn steht für das Gesamtergebnis Ihrer Lesung.

Das Legen von fünf Karten

Mischen Sie das Deck und wählen Sie fünf Karten aus. Es gibt viele Möglichkeiten für diese Art von Legesystem, aber lernen Sie zuerst, wie Sie die Kartennummer interpretieren können.

- Karte eins - Ihre Frage
- Karte zwei - was Sie bereits über die Frage oder Situation wissen
- Karte drei - versucht, Ihnen die Richtung für eine Lösung zu zeigen
- Karte vier - enthält Ratschläge oder Hinweise für die Frage
- Karte fünf - das Fazit der gestellten Frage

Wenn Sie etwas fragen möchten, das mit der Vergangenheit zu tun hat, oder etwas, das Sie an jemandem stört, versuchen Sie diese Methode der Interpretation:

- Karte eins - über Ihre Vergangenheit
- Karte zwei - über die jüngsten Ereignisse in der Vergangenheit
- Karte drei - vermittelt den gegenwärtigen Zustand
- Karte vier - führt Sie in den Bereich der Zukunft
- Karte fünf - Ergebnis oder ferne Zukunft

Hier sind zwei beliebte Legesysteme mit fünf Karten:

Legung Eins: Fünf-Karten-Kreuz

Legen Sie drei Karten in die Mitte und legen Sie eine Karte darüber und eine darunter. Sie können drei, fünf und vier in die Mitte legen und eine und zwei darüber und darunter. Oder Sie können zwei, eins und drei in die Mitte legen und vier und fünf darüber und darunter.

Layout Zwei: Partnerschaftliche Legung

Legen Sie die erste, vierte und zweite Karte in die mittlere Reihe und legen Sie die fünfte Karte oberhalb und die dritte Karte unterhalb der Linie aus.

- Karte eins - Ihre Perspektive und Ihre Gefühle in Bezug auf die Beziehung
- Karte zwei - die Sichtweise Ihres Partners über die Beziehung
- Karte drei - warum Sie beide überhaupt zusammengekommen sind; die Grundlage für Ihre Beziehung
- Karte vier - der gegenwärtige Stand Ihrer Beziehung
- Karte fünf - variable Ergebnisse für die Beziehung

Das Sieben-Karten-Legen (Hufeisen-Legung)

Die Karten sind in einer Hufeisenform angeordnet, beginnend mit Karte eins in der unteren linken Ecke und endend mit Karte sieben in der unteren rechten Ecke.

- Karte eins - die Ereignisse und Gefühle der Vergangenheit, die jetzt die Gegenwart beeinflussen.
- Karte zwei - die Gegenwart und die Ereignisse, Aktivitäten, Gefühle, Wünsche usw., die mit dem aktuellen Thema oder der aktuellen Frage verbunden sind.
- Karte drei - verborgene Einflüsse oder unter der Oberfläche liegende Kräfte, die Sie beeinflussen. Dies sind die nicht sichtbaren, aber stark empfundenen Gefühle.
- Karte vier - die Person, die die Frage stellt. Diese Karte offenbart Ihr gesamtes Wesen, Ihre Einstellung, Ihre Persönlichkeit, Ihre Macken, Ihre positiven und negativen Aspekte usw.

- Karte fünf - wie andere Sie beeinflussen. Haben sie eine positive oder negative Wirkung auf Sie? Warum reagieren Sie auf ihre Worte und Handlungen? Und wie wirkt sich das auf Ihre Gegenwart aus?
- Karte sechs - der Weg, den die Person einschlagen sollte. Sie bietet einige Möglichkeiten und Wege, die die Person in Betracht ziehen könnte, um ihr Ziel zu erreichen.
- Karte sieben - das Ergebnis all dessen, was die vorherigen Karten angedeutet haben. Sie ist die Quintessenz der Frage und das Erreichen einer Antwort.

Das astrologische Legesystem

Dies ist ein interessantes Legesystem, das die Tierkreiszeichen und das Tarot kombiniert. In diesem Legesystem steht jede Karte für ein Tierkreiszeichen und hat ihre eigene Bedeutung, die mit dem Tarot verbunden ist. Bei diesem Legesystem brauchen Sie keine Frage zu stellen, denn die Karten stehen für bestimmte Eigenschaften und Aspekte Ihres Lebens.

- Karte eins - Sie selbst
- Karte zwei (Widder) - Ihr derzeitiger Gemütszustand und wie sehr Sie sich selbst schätzen
- Karte drei (Stier) - Ihre derzeitige finanzielle Situation
- Karte vier (Zwilling) - Kommunikation und Reisen
- Karte fünf (Krebs) - Familie, Eltern, Fürsorge, Sorge
- Karte sechs (Löwe) - Produktivität, Vergnügen, Grimmigkeit, Wettbewerb
- Karte sieben (Jungfrau) - Ihre Gesundheit, Partnerschaften, Beziehungen
- Karte acht (Waage) - Ehe, Liebe, Romantik, Geld, Erbe
- Karte neun (Skorpion) - Tod, Geheimnis, Magnetismus, emotionale Tiefe, Geheimnisse, Philosophie
- Karte zehn (Schütze) - eine Haltung des Gebens, Bildung, Träume
- Karte elf (Steinbock) - Gemeinschaft, Karriere, Ehrgeiz
- Karte zwölf (Wassermann) - Freundschaft, Beziehungen, starke Verbundenheit mit dem inneren Selbst

• Karte dreizehn (Fische) - Ängste, rebellische Natur

In einigen Deutungen wird die mittlere Karte, die dreizehnte, als der Höhepunkt aller anderen Karten und ihrer Bedeutungen gesehen.

Das Legesystem der sieben Tage

Diese Lesung ist ganz einfach: Sie müssen nur das Deck mischen und acht Karten auf eine Fläche legen, beginnend mit der Eins und endend mit der Sieben. Die letzte Karte, die Acht, kann entweder nach oben oder nach unten gelegt werden. Dieses Legesystem sagt Ihnen, wie Ihre kommende Woche aussehen wird.

Es wird von links nach rechts gelesen. Jede Karte steht für einen Tag in der Woche. Den einzelnen Positionen kommt keine besondere Bedeutung zu. Egal, welche Karten Sie ziehen, sie werden entsprechend dieser Anordnung ausgelegt und gelesen. Die Eins steht für den aktuellen Tag, die Zwei für den nächsten Tag, die Drei für den übernächsten Tag und so weiter.

Das Legesystem für sechs Monate

In diesem Legesystem werden vier Karten verwendet, um einen Einblick in die nächsten sechs Monate Ihres Lebens zu erhalten.

Die erste Karte, die Sie wählen, ist die Karte für Ihr unmittelbares Umfeld. Diese Karte steht auch für Isolation, Sorgen, Unsicherheit, Verlust und Traurigkeit. Sie symbolisiert den Verlust der Fähigkeit, das Leben in vollen Zügen zu genießen und wie Sie darum kämpfen, von anderen verstanden zu werden.

Die zweite Karte steht für äußere Einflüsse. Dieser Teil des Legesystems deutet auf Kommunikation, Feste, Erfolg, Freude, Wiedersehen, Affären, Zusammenkünfte oder andere Einflüsse hin, die Sie in Ihrer Gegenwart haben könnten.

Die dritte Karte ist die Karte der vergangenen Lebensumstände. Sie steht für Illusionen, Phantasie, Träume, Entscheidungen, die Unfähigkeit, sich richtig zu entscheiden, Egoismus der Person oder andere vergangene Umstände, die ein fruchtbares Leben in der Gegenwart verhindert haben.

Die vierte Karte ist die Zukunftsmotivation. Sie enthüllt Aspekte, die Sie dazu bringen, Ihr Ziel zu erreichen. Ihre Persönlichkeitsmerkmale, Vorurteile, positiven Punkte, Probleme, Ihre Einstellung und Ihr geistiger Zustand - all das erfahren Sie in diesem Abschnitt.

Das Zwölf-Monats-Legesystem

Dies ist ein weiteres einfaches, aber interessantes Legesystem. Mischen Sie das Deck und wählen Sie zwölf Karten aus. Legen Sie sie kreisförmig auf das Tuch oder die Oberfläche und versuchen Sie, sich zu merken, welche Karte Sie an welche Stelle gelegt haben. Beginnen Sie mit Karte eins und gehen Sie im Uhrzeigersinn vor.

- Karte eins (Das Selbst) - Sie: Ihre Projektion, Ihre Wahrnehmung, Ihre Erscheinung, usw.
- Karte zwei (Geld) - Ihr materieller Reichtum, Ihre Finanzen, Ihr Glücksfall, Ihre Fähigkeiten, Ihr Wert und Ihr Potenzial
- Karte drei (Geistige Aktivitäten) - Ihr Intellekt, Ihr Auffassungsvermögen, Ihre Arbeit, Ihre Ausbildung und Ihre Karriere
- Karte vier (Emotionen und Gefühle) - Ihr emotionales Wohlbefinden, Sicherheit, Komfort, neue Aktivitäten, Ihr Zuhause und Ihre Beziehungen
- Karte fünf (Kreativität) - Ihre künstlerischen Fähigkeiten, Herzensangelegenheiten, Ihre Entspannungsaktivitäten, etc.
- Karte sechs (Tagesablauf) - was Sie an einem Tag tun, Ihre Routineaktivitäten, Beruf, Freizeit, Kollegen, Freunde und Familie
- Karte sieben (Arbeit) - geschäftliche Angelegenheiten, Arbeit, Karriere, Partner, Arbeitsmoral und Geschäftspraktiken
- Karte acht (Besitz) - Ihr Geld, Schmuck, Erbe, Testamente, Anleihen, Aktien und alle anderen wertvollen Güter
- Karte neun (Bildung) - Studium, höhere Ausbildung, Stipendien, Praktikum, Reisen und Fernreisen
- Karte zehn (Reputation) - Ihr Ruf in der Öffentlichkeit, wie die Leute Sie wahrnehmen, Ihr Beitrag zu anderen, weniger glücklichen Menschen und Menschen in Ihrer Familie
- Karte elf (Ziele) - Ihre Träume, Ziele, Wünsche und Visionen für die Zukunft

- Karte zwölf (Spiritualität) - Ihre angeborenen übersinnlichen Fähigkeiten, Ihre Träume, Ihr Fluchtmechanismus und Ihr spirituelles Wachstum

Fazit

Herzlichen Glückwunsch, dass Sie das Ende dieses Buches erreicht haben. Hoffentlich hatten Sie viel Spaß beim Studium der verschiedenen Facetten und Aspekte der Wahrsagerei.

Ein Hinweis: Die Wahrsagerei ist immer noch ein junges Feld. Sie ist zwar weit verbreitet und wird seit langer Zeit praktiziert, aber Sie müssen die Methoden der Wahrsagerei noch gründlich studieren und verstehen und jederzeit bereit sein zu lernen. Ihre Intuition ist alles, was Sie brauchen, um sich auf den richtigen Weg zu bringen. Verlieren Sie sie nicht aus den Augen und ignorieren Sie Ihr Bauchgefühl nicht, wenn es um jemanden oder etwas geht. Letztendlich sind es Ihre Gedanken, Gefühle und Ihre Intuition, die Sie auf dem richtigen Weg halten werden - kein Buch und kein Mensch kann das für Sie tun. Sie müssen Fragen stellen, die Antworten unter Berücksichtigung aller Aspekte interpretieren und dann selbst entscheiden, wie Sie vorgehen wollen. Sicher, es mag Bücher und Menschen geben, die Ihnen helfen, aber denken Sie daran, dass Sie Ihr eigener wahrer Freund sind.

Alle in diesem Buch vorgestellten Methoden laden zum Ausprobieren und Experimentieren ein, aber lassen Sie sich von den Antworten, die Sie erhalten, nicht mitreißen. Nehmen Sie nicht alles für bare Münze und versuchen Sie, sich weiter zu verbessern. Es ist nicht immer notwendig, dem Ergebnis, das die Karten, die Runen oder eine andere Methode vorhersagen, absolut zu glauben. Sie sind nur Orientierungshilfen, sie können die Zukunft nicht mit Sicherheit vorhersagen. Sie können Ihre Zukunft besser machen, indem Sie die

Gegenwart nutzen. Das ist die Lektion, die Sie aus diesem Buch mitnehmen müssen. Fallen Sie bitte nicht auf skrupellose Menschen herein, die Sie betrügen und Ihnen Ihren Seelenfrieden rauben wollen.

Vertrauen Sie sich selbst und genießen Sie das Leben in vollen Zügen! Wenn Ihre Absichten gut sind, wird das Universum Ihnen auf jeden Fall auf Ihrem Weg helfen.

Hier ist ein weiteres Buch von Mari Silva, das Ihnen gefallen könnte

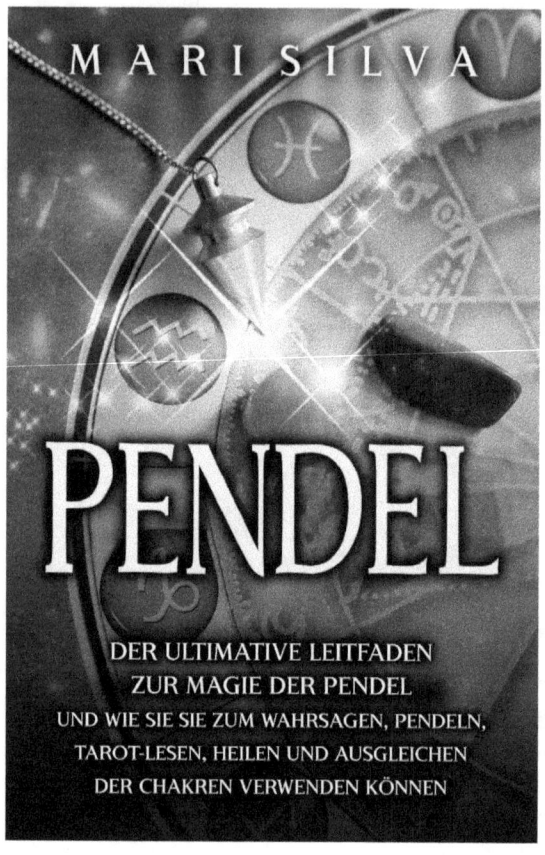

Quellenverzeichnis

Arnold, Kim. „10 Fascinating Facts about Tarot: Ten Tantalising Tidbits of Tarot Trivia!"
Hay House, Inc. November 30, 2018.
https://www.healyourlife.com/10-fascinating-facts-about-tarot

Cafe Astrology.com „The Elements in Astrology."
https://cafeastrology.com/natal/elements-astrology.html

Café Astrology. „What is Astrology?"
https://cafeastrology.com/whatisastrology.html

The Cut. „A Beginner's Guide to Tarot Cards." April 27, 2020.
https://www.thecut.com/article/tarot-cards.html

The Cut. „What Is Your Life-Path Number?" May 14, 2020.
https://www.thecut.com/article/life-path-number.html

Decoz, Hans. „Numerology's Master Numbers 11 - 22 - 33." Hans Decoz and World Numerology LLC. https://www.worldnumerology.com/numerology-master-numbers.htm

Divination Foundation. „A Short History of Divination." May 16, 2007.
https://divination.com/a-short-history-of-divination/

Garis, Mary Grace. „How to Read a Natal Chart—Planets, Symbols, and All." Well+Good
 LLC. March 31, 2020.
https://www.wellandgood.com/how-to-read-natal-chart/

Gilbert, Robert Andrew. „Divination: religion." Encyclopedia Britannica. February 16, 2001. https://www.britannica.com/topic/divination

Hurst, Katherine. „Numerology: What is Numerology? And How Does it Work?" The Law
Of Attraction by Greater Minds. December 18, 2017.
https://www.thelawofattraction.com/what-is-numerology/

Israelsen, James. „55 Celestial Facts about the Zodiac" | Fact Retriever LLC. September 11,
2020. https://www.factretriever.com/zodiac-facts

Kahn, Nina. „Your Guide To The Planets In Astrology & How They Affect You." Bustle.
July 24, 2020.
https://www.bustle.com/life/how-each-planets-astrology-directly-affects-every-zodiac-sign-13098560

Mastering the Zodiac. „How to Read a Birth Chart.. in Minutes!" February 19, 2016.
https://masteringthezodiac.com/how-to-read-a-birth-chart/

Linder, Jean. „Tarot Spreads You Need Right Now." Kelleemaize.
https://www.kelleemaize.com/post/tarot-spreads-you-need-right-now

Lovejoy, Bess. „10 Historical Divination Methods for Predicting the Future." Mental Floss. June 12, 2019
https://www.mentalfloss.com/article/585258/historical-divination-methods-predict-future

Newcombe, Rachel. „Rune Guide - An Introduction to using the Runes." Holistic Shop.
https://www.holisticshop.co.uk/articles/guide-runes

Psychic Library, LLC. „Astrological Tarot Spread."
https://psychiclibrary.com/astrological-tarot-spread/

The Rune Site. „Casting layouts and spreads."
http://www.therunesite.com/casting-layouts-and-spreads/

Sons of Vikings. „Viking Runes Guide | Runic Alphabet Meanings | Norse / Nordic
Letters." February 28, 2017.
https://sonsofvikings.com/blogs/history/viking-runes-guide-runic-alphabet-meanings-nordic-celtic-letters

Tarot.com Staff. „The Major Arcana Tarot Card Meanings." Tarot.com. March 3, 2021.
https://www.tarot.com/tarot/cards/major-arcana

Tarot.com Staff. „The Minor Arcana: Meanings Behind the Number Cards." February 3,

2021. https://www.tarot.com/tarot/meaning-of-numbers-in-minor-arcana

Time Nomads. „Elder Futhark Runes Cheat Sheet." January 11, 2020. https://www.timenomads.com/elder-futhark-alphabet-cheat-sheet/

Tracey, Ashley. „What Does Your Sun, Moon, and Rising Sign Really Mean?" Mindbody,

Inc. April 15, 201

https://explore.mindbodyonline.com/blog/wellness/what-does-your-sun-moon-and-rising-sign-really-mean

Wigington, Patti. „What Is Rune Casting? Origins and Techniques." Learn Religions.

January 31, 2020.

https://www.learnreligions.com/rune-casting-4783609

Wille. „11 Popular Tarot Spreads for Beginners and Advanced readers." A LITTLE

SPARK OF JOY. December 23, 2020.

https://www.alittlesparkofjoy.com/easy-tarot-spreads/

yourchineseastrology.com. „Chinese Palmistry."

https://www.yourchineseastrology.com/palmistry/

www.ingramcontent.com/pod-product-compliance
Lightning Source LLC
Chambersburg PA
CBHW051849160426
43209CB00006B/1220